Primeira Pessoa

VOLTAIRE DE SOUZA

Diários

Posfácio de Heloisa Prieto

Fotos de Lenise Pinheiro

1ª edição

 Moderna

© VOLTAIRE DE SOUZA, 2007

≡III Moderna

COORDENAÇÃO EDITORIAL Maristela Petrili de Almeida Leite
EDIÇÃO DE TEXTO Erika Alonso
COORDENAÇÃO DE PRODUÇÃO GRÁFICA André Monteiro, Maria de Lourdes Rodrigues
COORDENAÇÃO DE REVISÃO Estevam Vieira Lédo Jr.
REVISÃO Mônica Rodrigues de Lima
EDIÇÃO DE ARTE/PROJETO GRÁFICO Ricardo Postacchini
DIAGRAMAÇÃO Camila Fiorenza Crispino
COORDENAÇÃO DE BUREAU Américo Jesus
TRATAMENTO DE IMAGENS Evaldo de Almeida
PRÉ-IMPRESSÃO Helio P. de Souza Filho, Marcio H. Kamoto
COORDENAÇÃO DE PRODUÇÃO INDUSTRIAL Wilson Aparecido Troque
IMPRESSÃO E ACABAMENTO *Bartira Gráfica e Editora S/A*

Dados Internacionais de Catalogação na Publicação (CIP)
(Câmara Brasileira do Livro, SP, Brasil)

Souza, Voltaire de
  Diários / Voltaire de Souza. — 1. ed. —
São Paulo : Moderna, 2007. — (Série primeira pessoa)

  1. Literatura infanto-juvenil I. Título
II. Série.

ISBN 978-85-16-05411-3

07-1178   CDD-028.5

Índices para catálogo sistemático:
1. Literatura infanto-juvenil   028.5
2. Literatura juvenil   028.5

Reprodução proibida. Art.184 do Código Penal e Lei 9.610 de 19 de fevereiro de 1998.

Todos os direitos reservados
EDITORA MODERNA LTDA.
Rua Padre Adelino, 758 - Belenzinho
São Paulo - SP - Brasil - CEP 03303-904
Vendas e Atendimento: Tel. (0_ _11) 6090-1500
Fax (0_ _11) 6090-1501
www.moderna.com.br
2007
Impresso no Brasil

Tudo, meu caro, exceto ser um perpétuo empulhado!

Machado de Assis

O diário de Voltaire de Souza

Permita que me apresente. Eu me chamo Voltaire de Souza. Você pode ver pela foto que não sou criança. Muitos anos nas costas. Muita bordoada nas costas. Mas o passado é o passado. Já foi. Água que some no ralo do chuveiro. Cada página virada na folhinha é um tijolo na sepultura da memória.

Este é o meu diário de trabalho. Aqui anoto minhas idéias. Meus projetos. E, sobretudo, as lições que a vida me dá.

Vida bandida.

Há vários anos escrevo histórias para um jornal paulistano. Comecei no *Notícias Populares*. Vulgarmente conhecido como *NP*. O cidadão chegava na banca e já dizia:

— Me vê um *NP* aí.

E o jornaleiro já sabia o que era.

— Daqueles que se espremer sai sangue.

Muito jornal importante, se espremer, não sai sangue. E daí? O sangue é sempre sinal de vida. Já tentou espremer uma múmia? Só sai areia, osso em pó e farofa de esparadrapo. Farofa milenar.

Já escrevi milhares de histórias. Fatos do cotidiano. Casos de crime. Tragédias de amor. Histórias curtas. A última linha eu reservo sempre para uma moral. Um ensinamento. Aqui, neste livro, você vai saber como essas histórias nascem, vivem e vão para o papel.

Dizem que o jornal só serve para embrulhar peixe no dia seguinte. Pode ser. Mas tudo progride. A tecnologia não pára. Peixe agora só se embrulha com plástico. E muita gente passou a ler jornal pela internet.

O livro, entretanto, ainda é um produto que pode agradar o consumidor mais exigente. E embrulhar peixe com livro é bem mais difícil.

Tem gente que usa páginas da *Bíblia* para fazer cigarro de maconha.

É um caso em que o barato sai caro. Quem não paga neste mundo, paga no outro.

Mas todo ser humano acaba encontrando a sua verdade. Aqui você encontrará as minhas. Meio espremidas que o tempo é curto.

Boa leitura.

segunda-feira, 12 de dezembro de 2005

Já é quase Natal. A cidade está cheia de gente do interior. Basta ver as placas dos carros. Tupã. Campinas. Sorocaba. É a população paulista fazendo suas compras. A riqueza paulista. O consumismo paulista. Necessidade também. Já foi observado que o brasileiro consome demais. Já foi observado que o interior paulista concentra muita riqueza.

Está nascendo uma história no interior da minha mente.

Existe em São Paulo uma butique chiquérrima. A Daslu. Tudo lá custa os olhos da cara. Grifes importadas. Que não ficam nada a dever aos melhores *shoppings* de Miami ou de Paris.

Outro dia, a polícia federal prendeu os donos da Daslu. Acusação: contrabando. Formação de quadrilha.

Inventei uma butique para as minhas histórias no jornal.

A Gluglu. Famosa e conceituada butique das peruas paulistanas.

Mas a polícia federal não se esquece do povão.

Fecharam uma loja tipo Promocenter numa das principais avenidas da cidade. Promocenter. Sabe como é. Um monte de cubículos onde você compra artigos importados pela metade do preço. Acusação: contrabando. Formação de quadrilha.

O pessoal do jornal me apressa. Hora de inventar a história do dia. Vamos lá. Chega de enrolação.

A perua interiorana vem para São Paulo. Quer comprar. Quer consumir.

Qual o nome dela?

Que tal Arlete?

Arlete não conhecia nada da cidade.

O motorista de táxi se chama...
Aristeu.
Não, não dá. Muito nome começando com A.
Laércio.
Não dá também. Parece demais com Arlete.
Gersino.
Razoável. Inofensivo, mas estranho.
O motorista de táxi Gersino era simpático e prestativo.
Arlete queria fazer compras na Gluglu.
Preciso explicar o que é.
Uma das mais caras e badaladas butiques da cidade.
Gersino foi logo avisando que a Gluglu andava tendo problemas.
— A polícia andou baixando por lá. Infelizmente.
Claro, ele vai propor outra solução. Mais barata. Mais em conta.
A Pechincholândia.
O nome não é bom. Irreal demais.
A Preçobom.
Óbvio em excesso.
— A Promopreço.
Arlete sentiu firmeza.
— Toca.
No caminho, as sirenes. A confusão. O corre-corre.
Claro, é a polícia invadindo a Promopreço. Agora, muitas situações são possíveis. Arlete e Gersino podem se esconder numa ruazinha discreta. E um romance nasce daí.
Ou então: Arlete quer consumir de todo jeito. A bolsa cheia de dinheiro. Entra na loja e recebe uma bala perdida. Depois, tenho de pensar na moral da história.

Meus contos sempre terminam com uma moral. Por exemplo. Se Arlete e Gersino desistirem de entrar na Promopreço, a moral poderia ser:

Consumir é importante. Mas o que mais importa é o amor.
Um pouco batido. Quem sabe terminar com uma moral dupla?
Comprar presentes para os entes queridos é uma prova de amor.
Mas uma noite no Motel Balanço's é uma prova de paixão.
Lembrei agora da butique Gluglu.
E no velho ditado de que só o peru morre na véspera.
Isso daria uma moral da história mais interessante.
Vamos ao conto.
Esqueci de dizer: tem de ter dezoito linhas. Nada mais, nada menos.

O Natal está chegando. Tempo de compras. Tempo de consumo.
Arlete morava no interior. Quarenta anos. Uma profissional bem-sucedida.
Muitos parentes. Muitos presentes. Muita vontade de gastar.
Ela conhecia pouco de São Paulo.
— Mas quero fazer compras na Gluglu.
Uma das mais caras e afamadas butiques do país.
O motorista de táxi Gersino era prestativo e eficiente.
— Lamento. Mas a Polícia Federal está inviabilizando o negócio deles.
Contrabando. Formação de quadrilha. Gersino tinha a solução.
— A Promopreço. Artigos importados. Baratinho.
O carro embicou pela Paulista. Sirenes. Gritos. Confusão.
A polícia entrava com tudo nas lojinhas da Promopreço, também.
Arlete segurou firme sua bolsa Louis Vuitton.
— Quero gastar. Quero gastar.

Uma nota de cinqüenta foi parar nas mãos do policial Bezerra.
Que promete até ser Papai Noel na festa familiar de Arlete.
Com direito a roupas de grife e a uma estadia no Motel Korisco.
Numa cidade corrupta, também o ser humano está em promoção.

Não deu para falar do peru. Paciência. Nada como um dia depois do outro, e os perus sabem disso melhor do que ninguém.
Além disso, faltou o título.
Opções:

QUERO GASTAR
PREÇO BAIXO
GASTANDO GRANA

Não gosto de usar gíria. E quem gasta, gasta grana, é claro. Vira pleonasmo. "Quero gastar"? Parece que é vontade minha; e eu, Voltaire de Souza, não sou de jogar dinheiro fora. Vamos de "Preço baixo". Vale para o policial e para a loja. Mas fica melhor:

BAIXO PREÇO.

quinta-feira, 15 de dezembro

Fiquei com outro título para a história do outro dia na cabeça. "Homens em promoção". Não daria para usar, eu acho. Já dava a idéia do final. Mas o título há de servir para outra aventura.

Podia ser sobre um clube de *strip-tease* masculino. Mas é um pouco óbvio. Quem sabe uma mulher belíssima. Muitos namorados. Cansada de todos. Vamos ver.

O nome dela? Selene.

No terceiro ano do grupo, tive uma coleguinha chamada Selene. Alta. Claro, ela era criança. Mas era mais alta do que eu. Olhos azuis. Pele de porcelana.

Terá sido a minha primeira paixão?

Basta de lembrar o passado. Vamos à história.

Selene tinha uma beleza excepcional.
Alta. Morena. Pele de porcelana. Olhos azuis e feiticeiros.
Seu andar de deusa fazia balançar suavemente os cabelos tipo samambaia.

Nas minhas histórias é comum que mulheres belas tenham cabelos tipo samambaia. Sabe como é: longos. Crespos. Levemente armados. Em casos extremos, causam problemas em corredores e no elevador. Acima de tudo, são minha homenagem à sensualidade da mulher brasileira.

Outra observação. Meus contos raramente começam apresentando a personagem na primeira linha. Gosto de uma frase genérica no início. Assim:

O excesso de beleza pode criar vários problemas.

Selene era uma verdadeira deusa. Alta. Morena. Olhos azuis e feiticeiros. Perfumes estonteantes se escondiam em seus cabelos tipo samambaia.
— Não agüento ouvir cantada todo dia...
Namorados. Chefes. Admiradores. O telefone não parava.
— Não chateia, Cassinho. Ai, Ivan, vê se me esquece. Tchau, Edinei.
As amigas tinham inveja. Selene acendia um cigarro.
— Querem eles para vocês?
Pegou o caderninho de telefones.
— Podem tirar xerox. E comecem a ligar para essa cambada.
Cassinho, Ivan, Edinei e muitos outros não acreditavam.
Mulheres sedentas de amor ligavam com insistência.

E agora? Faltam poucas linhas e não sei como isso acaba. Uma grande festa na base do namoro coletivo? Não haveria muito ensinamento a tirar daí. Selene se arrepende e tem ciúmes das amigas? Uma cena de violência, talvez. Minhas histórias não recuam diante do horror.

Depois, aquela Selene do terceiro primário nunca me deu bola.

As amigas de Selene começaram a se dar bem. A Rejane, por exemplo.
— Sabe, Selene... o Edinei... disse que você é bonita, mas... hi hi... como dizer... me prefere... como mulhééér...
Briga no bar. O tapa. O empurrão. Cacos de vidro penetraram no rosto de Selene. Que hoje aguarda uma operação completa de regeneração facial.

Trágico demais, eu acho. Mas ainda há tempo de consertar.

Junto dela, na clínica, Edinei pede perdão.

Moral da história?

O amor é como uma cirurgia plástica. Com jeito, tudo se conserta.

Algumas coisas ainda não ficaram boas. Não expliquei direito que as duas estavam num bar quando a briga aconteceu. Joguei simplesmente no papel:

Briga no bar. O tapa. O empurrão. Cacos de vidro penetraram no rosto de Selene.

Melhor de outro jeito.

A briga chamou a atenção dos freqüentadores do Bar Badalo's.
Cacos de garrafa penetraram fundo no rosto de Selene.
Que hoje aguarda uma cirurgia completa de regeneração facial.
Junto dela, na clínica, Edinei pede perdão.

O diabo é que ficou com uma linha a mais.
O jeito é cortar na base do caco de vidro também.

A briga foi feia no Bar Badalo's. Cacos de garrafa cortaram fundo o rosto de Selene. Que hoje aguarda uma cirurgia de regeneração facial.
Junto dela, na clínica, Edinei pede perdão

Por hoje chega. Esse Edinei já deve estar cheio de pedir perdão para uma mulher tão machucada.

segunda-feira, 19 de dezembro

Serei eu, Voltaire de Souza, um indivíduo vingativo? Só porque, há tantas décadas, uma coleguinha de escola não gostava de mim... Selene! Pois bem, Selene, finalmente te pus na sala de cirurgia plástica. Devo pedir-te perdão pela história que escrevi? Ou serás tu quem deve me pedir perdão? Pela tua indiferença. Pelos teus silêncios. Que tanto me doíam no passado! Cacos de vidro que nenhum cirurgião retirou da minha alma... Selene não responde. Mas o passado também não responde nada.

E a vida é como um jogo de futebol. É bola pra frente.

O Natal — não vamos esquecer — está chegando.

A vida atarefada de um jornalista não permite, por vezes, que se dê a atenção devida aos membros da família. Muitos dentre nós preferem a sala de redação à rotina do lar.

— Também, Voltaire, se você tivesse a mulher que eu tenho...

Quem me fala por cima do ombro é o Castrucci. Um dos chefes da nossa reportagem. Tirano com os jornalistas mais jovens. Implacável com os aprendizes. Grosso com os subordinados. Animal com a classe baixa. Bom colega para aqueles que, como eu, já são velhos na casa.

Segundo as más línguas, Castrucci é freqüentemente humilhado pela esposa. Toca o telefone.

— Ainda aí, João Alfredo?

Castrucci engasga para responder.

— Oi, Teresoca... Estamos adiantando as edições das próximas semanas... sabe como é, para ter folga no Natal.

Papo furado. Castrucci velho de guerra. Jornal não é peru que morre na véspera. Tem de ser feito na hora. Quentinho. Como pão caseiro. Como defunto recém-chegado no necrotério.

Fico imaginando os tapas que o Castrucci vai levar quando chegar em casa. Ou melhor, não fico imaginando nada. Tenho de sair logo para fazer as minhas compras de Natal. E o homem se enrolando feito fio de telefone.

— É, eu sei, mas teve uma emergência... briga de bar... duas mulheres, você acredita, Teresoca? Uma cortou a cara da outra com caco de garrafa...

Aí não vale, Castrucci. Inventa uma história você mesmo. Peço a fineza de não usar as minhas.

— O Voltaire até escreveu uma matéria sobre isso... nós estamos investigando ainda o caso...

Já me pôs na parada. Para dar credibilidade. Respeitabilidade de um velho jornalista encobrindo as mutretas que ele solta para a mulher. O tom da voz dele muda subitamente.

— Não, benzinho, você não seria capaz de fazer uma coisa dessas... pelo amor de Deus.

Aposto que ela disse que quem ia ser cortado com caco de vidro ia ser ele, Castrucci. O próprio.

Só porque ele aproveita qualquer tempinho livre aqui na redação para xavecar as secretárias. Tomar um aperitivo ou mais que isso. E depois, tarde da noite... ainda não chegou em casa. Em matéria de briga de bar, o homem pode fazer reportagem em tempo real.

Mas não é da minha conta. Tenho é de fazer logo a história de hoje. Que minha mulher está me esperando às sete. Para a gente fazer as compras de Natal.

Já é um título, pelo menos.

COMPRAS DE NATAL

O brasileiro, como se sabe, deixa tudo para os últimos dias.
Prudência e planejamento sempre ajudam a vida no lar.

Faltam poucos dias para o Natal. Teresoca insistia.
— Castrucci. Este ano vamos fazer as compras com antecedência.

Melhor mudar os nomes, com certeza. Não vamos envolver os velhos amigos nessa história. Em vez de Teresoca, Cecilinha. Dá uma idéia de pressa. De insistência. E no lugar de Castrucci, o doutor Deodoro. Ar de coisa antiga. Sem pressa. Fora de hora.

— Calma, Cecilinha... que Roma não se fez num dia...
— Mas Deodoro, só a tua sobrinhada... e o pessoal da firma...
O casal não tinha filhos. O casal não tinha amor.
Apenas um louco consumismo preenchia as necessidades de Cecilinha. Marido rico. Empresário de prestígio na Vila Guilherme.
— Vamos, Deodoro, vamos. Faltam duas semanas para o Natal.
— Calma, Cecilinha... que só o peru morre na véspera.
O Fiat Marea de Cecilinha foi buscar o doutor Deodoro na empresa.
O rumo era o outro lado da cidade. A butique Gluglu.
Exclusiva butique da classe A paulistana.
Cecilinha só deu pelo sumiço do marido na hora do cartão de crédito. O doutor Deodoro reapareceu segurando seu sonho de consumo.
— Olha, essa é a Monique. Atendente aqui da loja.
Não deu para convencer que a bela jovem seria apenas uma filha adotiva. O divórcio veio sem laço de fita. Em regime de urgência.
O ser humano não é um peru.
Enquanto não morre, continua sempre vivo. E fazendo das suas.

Alguma coisa não deu certo nessa história de peru. Teria de ficar mais clara a idéia de que o doutor Deodoro era bem velho e que então tinha pressa de aproveitar a vida antes de morrer. Melhor raciocinar direito.

O peru é que morre na véspera, porque no dia da ceia ele já está assado. Muito bem. O doutor Deodoro não tem pressa de ir às compras, diz que Roma não se fez num dia, e que a mulher dele não precisa ficar ansiosa como um peru, fazendo drama antes da hora. Muito bem, problema dele. Há outras opções para a moral da história.

Posso dizer que o casamento é como um peru. Por vezes, morre na véspera. Mas um peru sempre morre na véspera. Não tem sentido dizer que o peru *por vezes* morre na véspera. Então:

O casamento, por vezes, é como um peru. Morre na véspera.

Mas véspera do quê? As coisas se complicam. Da morte de Deodoro? E toca o telefone de novo. Deve ser para o Castrucci. Eu atendo. É para mim.

— Voltaire! Já são quase sete e meia.

— Já vou, benzinho.

Hora de sair para as compras. Hora de uma inspiração súbita que nos livre dos problemas de raciocínio anteriores. Ou hora de deixar tudo como está. Última tentativa.

O casamento é como um peru. Dura bastante no congelador.
Mas só quando está quente desperta o apetite.

Ou:

O destino de um casamento assemelha-se ao de um peru.
Seu último dia chega sem aviso prévio.

Mas não será justamente o contrário no caso do peru? Se ele morre na véspera, o aviso prévio está mais do que dado: ele morre com data marcada.

Sim, respondo, mas o peru não sabe disso. E vamos às compras antes que minha mulher buzine de novo.

Observo que mulheres também se assemelham aos modernos perus congelados de supermercado. Quando chega a hora, elas começam a apitar.

quinta-feira, 22 de dezembro

Shoppings. Luzes. Bolas de Natal. O estresse das compras. Minha mulher. Seu nome é Solange.

— Como você é pão-duro, Voltaire.

Estávamos fazendo compras. Poucas compras. Tenho dois filhos de um primeiro casamento. Já grandes. Um faz não sei o quê em Amsterdã. O outro virou músico em Ponta Porã.

— Para eles, um telefonema resolve.

— Não acredito, Voltaire.

Gosto quando Solange me diz "não acredito". Poucas pessoas teriam o direito de dizer palavras assim a um jornalista. Alguém que durante toda a vida manteve um compromisso marcado com a verdade.

Solange entrou numa butique. Ela precisa achar alguma coisa para a sobrinha adolescente. Caiu no amigo-secreto da família dela.

Encosto-me na vitrine de uma loja de artigos esportivos. Apreciando o movimento do *shopping*. O povo paulistano. Consumindo sem parar. Solange. Consumindo sem parar. Bolas imensas de Natal estão penduradas numa árvore de plástico. Bem no centro do saguão deste templo das compras. Como uma pequena bola que vai crescendo, crescendo, crescendo, uma história vai sendo gestada em meu espírito empapado de tédio.

Um Papai Noel de *shopping*. Um desses senhores obesos, encarregado de levar alegria para o coração das crianças. A barba falsa. A roupa falsa. A alegria falsa. Seu nome? Santiago. Uma introdução geral.

Natal. Tempo de alegrias.

No shopping, velhos, adultos e crianças se dedicavam à festa do consumo.

Falta um nome para o *shopping*. *Shopping Center* Sideral.

Sentado em seu trono de mentira, um Papai Noel acompanhava o movimento sem piscar.
Seu nome era Santiago. O desânimo era grande em seu coração.

Ele precisa falar alguma coisa.

— *Tanta gente bem-vestida... bem-tratada...*

Um corte para o cenário do local.

Bolas imensas estavam penduradas numa grande árvore de plástico.

Um corte para o Santiago.

O profissional natalino balançava lentamente a sineta prateada.
— *E eu aqui... na pior.*
A saúde de Santiago não andava nada bem. A obesidade. O colesterol. A vida sedentária. E muitas biritas fora do horário de serviço.

Um encontro com o passado.

Uma bela mulher de quarenta anos saía de uma loja de artigos esportivos. Dinâmica. Esperta. Animada. Seu nome era Cybele.

Diante do Papai Noel, ela teve um susto.
— Santiago? Você?
Não acreditava na transformação do seu antigo colega de escola.
— Você era tão atlético... e está uma bola...
A sineta de Santiago não badalava mais.
Um sorriso estranho aflorou em seus lábios pinguços.

Gosto do "pinguços" aqui. No momento em que a história ficava emocionante demais, uma forte crítica ao alcoolismo do personagem. Temos de ir conduzindo o enredo ao seu final. Trágico, naturalmente.

Santiago levantou-se do cadeirão vermelho. Pensou em selar com um beijo o seu antigo amor. Mas preferiu dirigir-se ao corrimão da escadaria principal.
— Uma bola... sou uma bola de Natal...
Olhou para baixo. A grande árvore de plástico enfeitava o abismo inutilmente.
Santiago atirou-se do quinto andar. Como uma bola de Natal. Espatifando-se no piso de mármore do saguão.

Moral da história?

Estamos todos presos por um fio à árvore da vida. Nada mais que um sopro nos derruba.

Muito longa. Penso que Santiago ficou debaixo da árvore. Como um presente sinistro para os fregueses do *shopping*.

A vida é um belo presente. Muitas vezes, difícil de desembrulhar.

A moral é boa, mas na história errada. Outra solução.

Mais frágil que uma bola de Natal é o coração de um homem.

Excessivamente sentimental. Quem sabe misturando uma moral com outra.

Nossa vida é como uma bola de Natal. Está presa por um fio.

A história ficou grande demais, para variar. Depois eu diminuo. É que a Solange já está me chamando. Saiu da butique. Entrou numa loja de perfumes. Saiu. E agora está na fila do caixa do *Sue Benn Megastore*. Uma rede especializada em artigos esportivos. Segura um conjunto de arco-e-flecha profissional.

— Voltaire. Você acha que a Daiane vai gostar?
— Tua sobrinha?
— É. Adora esportes radicais.
— Pode ser. Mas pôr isso nas mãos daquela adolescentezinha...
— O que é que tem, Voltaire?
— Neurótica do jeito que é, bem que pode pôr a vida da família em risco.
Foi o suficiente para Solange decidir.
— Eu levo.
Mesmo Natais em família podem ter um certo sabor de aventura.

segunda-feira, 26 de dezembro

A ressaca. O tédio. O peru com passas. Na família de Solange, os anos passam e o Natal não muda. Mas os adolescentes crescem.

Daiane recebeu sem surpresa o arco-e-flecha profissional que minha esposa lhe comprara com tanto carinho. Aos dezesseis anos, a jovem é um esbelto poço de arrogância.

— Não tinha nada mais radical?

Contive-me para não dar a resposta merecida. Solange sabe de meus impulsos nessas horas.

— Fica quieto, Voltaire. Pelo amor de Deus. Outro vexame no Natal, este ano não.

Minha vontade era mostrar para a mocinha a mão armada para o tabefe.

— Radical é o corretivo que você vai ter.

Mas tenho de corresponder à minha fama de jornalista sensato e ponderado. Lentamente, esmaguei uma tâmara dentro de minha mão fechada. O caroço escapuliu pelo tapete sem dar nenhum suspiro.

Bimbalharam os sinos.

Meu cunhado, o Camargo. Irmão de Solange. Vestido de Papai Noel. Trazendo alegria a um bando de crianças infernais. Contive outro impulso.

— Dá aqui o arco-e-flecha, então. Se você não gostou.

Meu desejo era testar o armamento selvagem na barriga de Camargo. Seria puro estofamento artificial? Ou o resultado de mais um ano de cervejas com torresmo? Da rudimentar seta de um indígena, podemos fazer um instrumento penetrante para a investigação da verdade.

Nada fiz. Encostada numa parede, a velha árvore de plástico de todos os anos testemunhava com indiferença o festejo familiar. Mais uma árvore de plástico. Onde estão os pinheiros de antigamente? Em meio à algazarra das crianças, uma história brotava aos poucos no meu espírito.

Bancos. Shoppings. Lares.
Hoje em dia, as árvores de Natal são todas de plástico.
Moacyr era ecologista. E lamentava o artificialismo de nossa cultura.
— Só consumo. Essa que é a verdade.
Na ceia familiar, ele mantinha a cara amarrada.
A irmã se chamava Alice. Trouxe-lhe belas fatias de chester temperado.
— Não quer provar?
O rapaz jogou o prato para longe.
— Não sabe que eu sou vegetariano?
Diante da grosseria, o namorado de Alice veio tirar satisfações.
Rapaz ligado a esportes marciais. De nome Rogério.
O vinho tinto. Os ciúmes familiares. O estresse do fim de ano.
Moacyr e Rogério se atracaram com ímpetos assassinos.
Debaixo da árvore de plástico, um pacote estratégico.
Conjunto de arco-e-flecha profissional. Presente de Alice para Rogério.
Das mãos de Moacyr, a flecha dirigiu-se rumo ao coração do esportista.
Mas acertou antes um peito de chester. Que, num movimento hábil, Alice usou para interceptar o projétil.
Envergonhado, Moacyr encolhe-se num canto e mastiga tâmaras em silêncio. Cospe os caroços como se fossem balas de um 38 que só ele vê.
Árvores de Natal não escondem, por vezes, as selvagens florestas do coração.

Vinte e duas linhas. Preciso podar para dezoito.

Natal. Hoje em dia, prevalecem as árvores de plástico.

Moacyr era ecologista. Foi à ceia familiar de cara amarrada.
Sua irmã se chamava Alice. Ofereceu-lhe fatias de chester.
Num movimento brusco, o rapaz atirou o prato para longe.
— Não sabe que eu sou vegetariano?
Quem não gostou da cena foi o Rogério. Namorado de Alice.
Amigo dos esportes radicais.
Aproximou-se de Moacyr para um corretivo.
Perto da árvore de plástico, um pacote estratégico esperava ser desembrulhado. Conjunto de arco-e-flecha profissional.
Presente de Alice para Rogério. Moacyr se apropriou da arma.
A flecha encaminhou-se para o coração do esportista.
Mas atingiu apenas um peito de peru.
Que, num movimento hábil, Alice usou para interceptar o projétil assassino.
Humilhado, Moacyr encolhe-se num canto e mastiga em silêncio as tâmaras do rancor. Cuspindo caroços como balas de um invisível 38.
Muitas vezes, quem canta de galo não encara um bom peru.

Não. Melhor a moral anterior.

Árvores de plástico não dominam as florestas de um coração selvagem.

Títulos possíveis:

A FORÇA DA CIVILIZAÇÃO
VIDA SELVAGEM

Muito batido. Uma alternativa é sempre pegar um trecho do próprio artigo.

TÂMARAS DO RANCOR

terça-feira, 27 de dezembro

Acho que não ficou muito bom o conto de ontem. Dá muito trabalho pegar um arco-e-flecha no meio da briga, apontar e disparar. O certo seria Moacyr pegar apenas a flecha e tentar cravá-la direto no peito do Rogério. Ou então eliminar esse Rogério de uma vez. Vejamos como é que fica. Moacyr joga longe o prato de chester.

A mãe dele apareceu com o tender.
— Prova só um pouquinho, Moacyr.
A vontade do rapaz era fazer discurso.
— Comedores de cadáveres. Assassinos. Discípulos de Judas.
O vinho. A dieta regrada. A fome do fim de ano.
Chegou a grande especialidade da casa. Peru à Califórnia.
Moacyr avançou com fúria sobre os pêssegos em calda. Alice reclamou.
— Você sabe que o pêssego em calda é só para mim.
A faca de trinchar brilhou nas mãos do irmão ensandecido.
— Passa o pêssego. Ou viro carnívoro. Comendo teu coração.
Moacyr mastigou a compota sem olhar para os familiares consternados.
Lágrimas brilharam como luzinhas no rosto de Alice.
Ao longe, sinos bimbalharam. Trazendo mensagens de paz.
A fé de um homem, por vezes, estimula a violência fratricida.

O título agora é fácil.

PÊSSEGOS DO RANCOR

Sinto um bafo quente na minha nuca. E o cheiro não é de pêssego. Alguém lê estas maltraçadas linhas. Castrucci. Curtindo ainda a ressaca das festas natalinas. Ele se queixa da dor-de-cabeça.

— Se fosse uma bola de Natal já tinha estourado.

Mas é bom ele se preparar. Porque vem aí a festa de fim-de-ano aqui no jornal. Amigo-secreto. Confraternização entre colegas. Mas sem bebida alcoólica, naturalmente. Castrucci esboça um sorriso triste no rosto.

— Nem preciso.

Logo ali na esquina, o conhaque está disponível. Temperando o ânimo machucado de quem já tem anos de janela na profissão. Bato a mão na testa.

— O presente de amigo-secreto!

Devia ter comprado. Esqueci. A festa vai começar daqui a pouco. Remexo a gaveta. Uma velha tesoura. Dos tempos em que jornalista escrevia com papel, tinta e cola Tenaz. Para corrigir um parágrafo, era preciso colar outro por cima. O tesourão funcionava como uma escola de rapidez e objetividade. E mesmo como arma de agressão em caso de disputas mais graves entre repórter e editor. Mas isso são histórias do passado. Cabelo que já caiu não faz topete.

Um presente. Um presente. Acho no fundo da gaveta uma lupa em bom estado. Numa festa de amigo-secreto, pode não fazer má figura. Jornalistas investigativos: uma lupa sobre a podridão humana. Não deixa de ser homenagem ao ganhador do presente. Que coincide de ser o nosso chefe de redação.

O nome dele é Luiz Mário. Rapaz de valor. Erudito. Leitor de Euclides e Vieira. Mas também antenado nas últimas tendências do *rock* e do cinema. Além disso, ótimo jornalista. Excelente líder de uma equipe combativa.

— Escândalo. Tem algum hoje?

— Ôô... se tem.

— Manda.

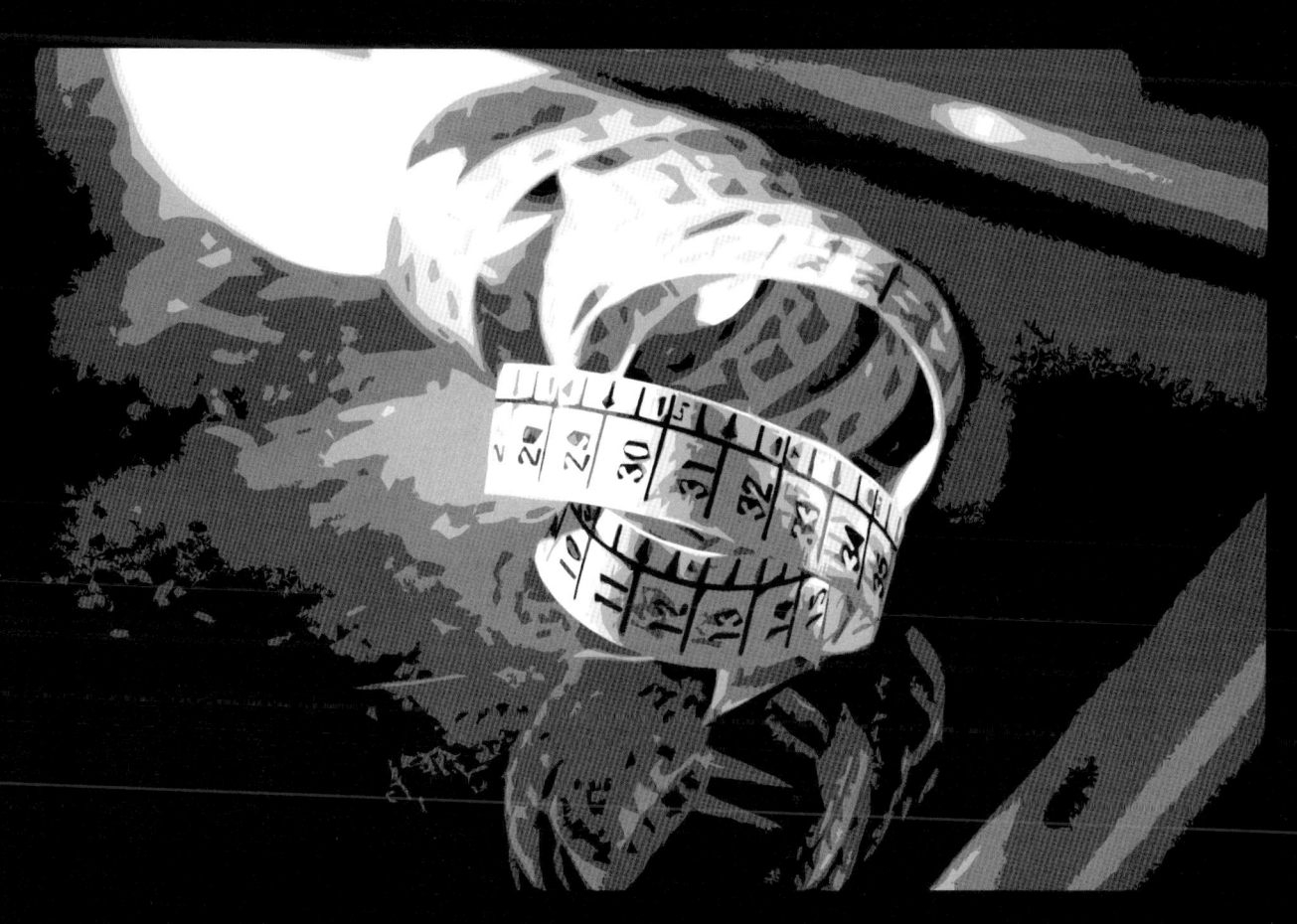

— Quantos centímetros?

— Trinta no máximo.

Ninguém por aqui fala em número de linhas ou de parágrafos. É tudo medido pelo tamanho que tem. Matéria de trinta centímetros: caso de grave a moderado.

— Quantos toques no título?

— Depois a gente vê, caceta.

O tamanho de um título não pode ser empecilho à informação de impacto.

Tenho saudade das velhas manchetes do jornalismo popular.

BROXA TORRA O PÊNIS NA TOMADA

O rapaz, preocupado com a renitente disfunção erétil, recorrera a um tratamento de choque. Provavelmente algum boato pseudocientífico. Naqueles tempos, o Viagra não existia.

Olha aí, outro bom presente de amigo-secreto. Quem sabe tenho ainda uma caixa com quatro comprimidos guardada em algum lugar. Para uma emergência, dessas que raramente ocorrem.

Um comprimido de Viagra e uma lente de aumento. Juntos, os dois presentes são capazes de ofender o destinatário. Mas uma história pode surgir daí.

Um velho jornalista. Não. Um velho policial. Perito em falsificações. Para os amigos, um verdadeiro Sherlock. Fim de ano. Um monte de trabalho para terminar. Exame datiloscópico. Ele tinha de conferir uma série de impressões digitais. O nome dele era Calógeras.

A ressaca da véspera. O sono. O calor do meio da tarde.

Calógeras adormecia lentamente.

A poderosa lupa, companheira de trabalho, pendia das mãos manchadas do velho policial.

Sirenes ao longe embalavam o descanso de Calógeras.

O tempo foi passando. Imagens de velhos criminosos apareciam em sua mente. Lampião. Maria Bonita. Corisco.

O recado veio do finado cangaceiro.

— É corisco, é raio, e é trovão...

O som das sirenes ficou bem mais próximo.

O calor da caatinga parecia atingir as têmporas de Calógeras.

Um jato de extintor e os gritos do cabo Jeová salvaram Calógeras da morte certa.

É que os raios do sol, atravessando a lupa, puseram fogo a importante documentação investigativa. E quase incendiavam todo o departamento.

Calógeras já pediu aposentadoria.

Toda investigação policial precisa de luz.

Mas claridade em excesso, por vezes, queima o filme de uma vez.

Precisaria ter dezoito linhas. Depois eu corto. Olho com certa raiva para o Luiz Mário.

— Mais concisão, Voltaire. Pára de escrever tanta cascata.

Meu amigo-secreto. Ele vai ganhar uma preciosa tesoura de presente.

— Assim você corta o texto do tamanho que quiser.

Melhor a lente de aumento.

— Para você usar na hora de pagar nosso salário... hehe.

quarta-feira, 28 de dezembro

A festa de fim de ano correu bem. Luiz Mário aceitou a lupa como a homenagem de um velho jornalista a um editor dinâmico e atilado. Castrucci deu o vexame de sempre. Lágrimas sinceras a respeito dos mal-entendidos do passado.

— O bebê-diabo... fui eu que inventei. Fui eu, pô.

Manchetes que fizeram uma verdadeira revolução no jornalismo. Lá pelos anos 70. Um bebê meio estranho nascera num hospital paulistano.

Foi o bastante para o *Notícias Populares* fazer um carnaval.

O bebê tinha pêlos, rabo, chifre e nascera falando.

— Abre a janela que está muito calor aqui dentro.

Os médicos não confirmavam. A história vendia jornal.

Manchetes ao longo de um mês.

Teve até seqüestro do bebê-diabo. Ele reaparecia depois. Em Recife ou João Pessoa, ninguém sabia. E o Castrucci chorando.

— Fui eu que inventei tudo aquilo, caramba. Tudo invenção.

Ele desatarrachava a rosca das lágrimas. E também a tampinha de seu reservatório alcoólico de bolso. Uma bela garrafinha achatada com revestimento em couro de cobra artificial. Lá dentro, líquidos mais poderosos que veneno de cascavel. Castrucci pedia solidariedade. Aproximei-me para lhe dar um ombro amigo. Fim de ano tem dessas coisas.

— Eu inventei... e os outros é que levaram a fama.

— Eu sei, Castrucci... eu sei...

— A coisa mais criativa da imprensa brasileira...

— Com certeza.

— E todo mundo se apropriou da minha idéia.

Chefes de redação. Diretores de jornal.

— Canalhas. Eles são uns canalhas, Voltaire.

— Calma, Castrucci. A História ainda vai fazer justiça a você.

Ele já não olhava mais para mim.

— Bebê-diabo. Bebê-diabo. Onde estás?

Gestos convulsos animavam o corpo do veterano redator policial.

— Aparece. Aparece. Vem contar a verdade.

Mas quem sabe onde se oculta a verdade?

Um riso abafado foi ouvido atrás das cortinas que conduzem ao arquivo do velho *Notícias Populares*.

— É ele. É o bebê-diabo. Ele voltou.

Castrucci dirigiu-se como uma flecha àquele lugar sombrio e esquecido de nossas instalações.

Fui atrás. Meu amigo era capaz de cometer alguma besteira.

Os risos não eram do bebê-diabo. E sim da Janaína.

Uma interessante estagiária de olhos verdes e cabelos tipo samambaia. Seu riso abafado e gorgolejante tinha motivo real. Concreto. Palpável.

Era o Luiz Mário. Que não usava lente de aumento para conferir as qualidades físicas da jovem. Retirei o delirante Castrucci da cena.

— Bebê-diabo. Onde estás?

Luiz Mário respondeu sarcasticamente.

— Está a caminho, Castrucci... a caminho.

Há mais demônios numa redação do que em muita maternidade paulistana.

Voltei para casa com um gosto de bolo de coco rançoso na boca. Bom. Acho que o Luiz Mário não estava mesmo precisando dos meus comprimidos de Viagra.

segunda-feira, 2 de janeiro de 2006

Chega de pensar no passado. O bebê-diabo hoje deve estar até com netos. Ano Novo. Tempo de mudar. Tempo de jogar fora o que não serve mais.

Toca o telefone na redação. É Solange.

— Benzinho. Esqueceu do *shopping*?

— De novo? Mas o Natal acabou.

Pensei que ia ficar livre do *shopping* durante um bom período. Mas minha esposa é a mais eficiente defensora dos meus próprios interesses.

— E a camisa que você ganhou de amigo-secreto?

Verdade. Tinha de trocar. Presente de um fotógrafo do jornal. O Hermano. Rápido nos cliques. Sempre presente quando começa uma confusão. Faro infalível para a delinqüência em estado larvar. Com toda a sua acuidade visual, comprou uma camisa que é o dobro do meu tamanho.

— Eu te busco às sete, Voltaire.

Lá estávamos de novo no *shopping*. Uma razoável butique masculina. Los Álamos. Moda para cavalheiros. Hora de experimentar roupa nova. O tédio dos provadores. O asco das cortininhas. Hora de imaginar uma história para o jornal.

SOB MEDIDA

O Natal acabou, o ano acabou. Nas lojas, porém, as trocas continuam.
Hely tinha ganhado uma camisa listrada no amigo-secreto.
A mulher dele se chamava Mariana.
— A camisa não é feia, Hely. Você é que está gordo demais.

Qualquer semelhança com fatos reais é mera coincidência.

Hely respirou fundo.
— Concorda que temos de trocar? Porque regime você não vai fazer mesmo.
A balconista Sara ouvia tudo com atenção. Mariana foi dando as ordens.
— Olha, para ele, vê se acha uma camisa bem sem nada. Que não chame a atenção. Sabe como é. Com o tamanhão dele...

Entra ano, sai ano, é a mesma coisa. As críticas nunca param.

As críticas não paravam.
— Sabe que ele até era bonitinho quando eu casei?

Hehe.

Sara entregou para Hely algumas camisas brancas. Tipo social.
Junto, um sorriso de amizade. De simpatia.
No provador, a amizade se transformou em paixão.
Sara mostrava diversos artigos atraentes da butique. Hely tomava decisões com alucinante rapidez. Do provador mesmo, veio o recado.
— Sara. Não troco mais a camisa. Troco mesmo é de mulher
Numa boa, Sara e Hely passaram um começo de ano quente no Motel Transição.
Paixões são como camisas: tem de experimentar até achar uma que sirva.

Para a Solange não ficar chateada, ofereço uma variante da moral da história.

Um homem, de vez em quando, troca de camisa. Mas o coração fica sempre no mesmo lugar.

terça-feira, 3 de janeiro

Ano novo, vida nova. O trabalho de sempre. Na redação, Castrucci aparece com os olhos vermelhos. Mais uma daquelas festas de arromba no réveillon. O Luiz Mário já deixou recado: não reaparece tão cedo. Os ventos da ressaca natalina ainda sopram fortes sobre o combalido organismo da classe jornalística.

Ano novo, vida nova? Discordo. Discrepo. Desminto. O réveillon é pura repetição. A mesma coisa. As perguntas sobre quem vai ganhar a São Silvestre. Fiquei em casa com a Solange no dia 31. Assistindo à mais famosa prova de pedestrianismo urbano da América Latina. Antes, era por volta de meia-noite que os maratonistas atravessavam São Paulo. Agora é no meio da tarde. Dizem que por causa dos horários da TV. Tarde ou noite, pouco importa. O sono veio vindo. Solange me acordou.

— Olha aquele velhinho ali!

Devia ser um tipo de recorde. Um sujeito sacudia seus oitenta e muitos anos sobre o asfalto cruel da grande cidade.

— Vai ver que morre.

— Não fala assim, Voltaire.

— Está com cara de 2005. Quem sabe quando cruzar a linha de chegada vira um bebê. Com aquelas faixas a tiracolo: "Feliz 2006".

Solange nem respondeu. Foi preparar um bule de café para a gente chegar acordado até a passagem do ano.

Veio a vontade de filosofar. O velhinho que vira bebê. Símbolo de nossas esperanças maltratadas.

A história já estava pronta na minha cabeça.

MUDANÇA DE HORÁRIO

Fim de ano. Tempo de festas. Tempo de São Silvestre.
Claudiano estava de mau humor.
— No meu tempo, São Silvestre era à meia-noite.
Ele dava um risinho.
— O pessoal correndo na chuva. Asfalto molhado... escorregadio...
Tomou mais um gole da cerveja.
— E a gente molhando o bico.
Um acesso de raiva abalou o living *do seu pequeno apartamento.*
— Agora, a São Silvestre é de tarde. Por causa da Rede Globo!
De fato, as emissoras de TV planejam cuidadosamente a grade de programação.
— TV. Coisa do diabo. Abalando nossas tradições.
A frase veio num murmúrio alcoólico.
Em pouco tempo, Claudiano só cantarolava no meio do sono.
— Adeus, a-novelho... feliz a-nonovo... grande porcaria.
A imagem de um velho de barbas brancas apareceu.
— Claudiano... você está muito amargo... onde foi parar a esperança?
— No fundo de um copo de cerveja, vovô...
— Fim de ano é renovação... é alegria... vem para a varanda, Claudiano.
As cores rubras do poente enfeitavam a paisagem da cidade grande.
Claudiano ouviu um choro de criança às suas costas. Virou-se de repente.
Era o Ano Novo. Um bebê. Algo estranho.
Os olhos do menino faiscavam com inteligência. Na testa, dois chifres. Um rabo entre as fraldas.
— Bebê-diabo? Ou Ano Novo? Que é isso, meu Deus?

Era bebedeira brava. O susto desequilibrou o nostálgico alcoolista.
Derrubando-o do sétimo andar do prédio.
Por pouco sua queda não vitimava o Marcito.
Rapaz esforçado. Que suava nos últimos lugares da São Silvestre.
O terror e a esperança são duas ilusões.

Melhor outra moral da história.

A morte é como a TV: não espera a meia-noite para dar início ao seu show.

Comprido demais, de novo. Maldito Luiz Mário. Idéia dele fazer as histórias curtinhas. A vida é longa. E o espaço é curto. Melhor tirar todo o papo de Rede Globo.

Réveillon. Festas. Tradições. Claudiano era saudosista.
— Está tudo mudado. São Silvestre às cinco da tarde... como pode?
Ele lembrava dos tempos em que a maratona era à meia-noite.
— Tudo bem. Começo a beber mais cedo.
O sono veio mais depressa que os primeiros corredores.
A língua enrolada do velho alcoólatra entoava uma canção.
— Adzeus, a-no welho... fweliz anwo nwowo...
Um choro de bebê interrompeu seu sono de fogo.
À frente de Claudiano, uma estranha visão.
Um menino de olhos vermelhos. Orelhas pontudas.
Chifres inconfundíveis. E a faixa no corpinho peludo.
"Feliz 2006". A fralda soltando fumaça de charuto.
— Ano Novo? Bebê-diabo?

Insegurança e terror tomaram conta de Claudiano. Ele correu em direção à saída do prédio. Procurando um extintor de incêndio. O medo. A cachaça. O destino. Caiu pela escada de serviço.

Fratura craniana. Claudiano não viu o ano de 2006.

É que nenhum extintor apaga os incêndios da mente humana.

O título aí fica mais fácil.

PASSADO EM CHAMAS

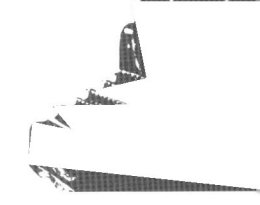

6 de janeiro

Sexta-feira. Dia de agitação maior em qualquer jornal do mundo. É o pessoal preparando matéria para folgar no dia de semana. Plantões. Editorias de emergência. O trabalho intenso até tarde da noite. O chamado Pescoção. Nosso chefe voltou do réveillon animado. Querendo sangue. Querendo fogo.

— Voltaire! Vem cá.

Ele tem um envelope na mão. Carta de um leitor. Detesto cartas de leitores.

Presado senhor Voltaire.

O sujeito nem sabe escrever.

Admiro muito as suas reportagens.

Melhorou. Mas não é reportagem. É crônica.

O que o senhor acha dessa ladroagem toda que toma conta do nosso Brasil.

Não tem ponto de interrogação.

Por que o senhor não escreve sobre isso?

Bom, escrevo muito sobre isso também.

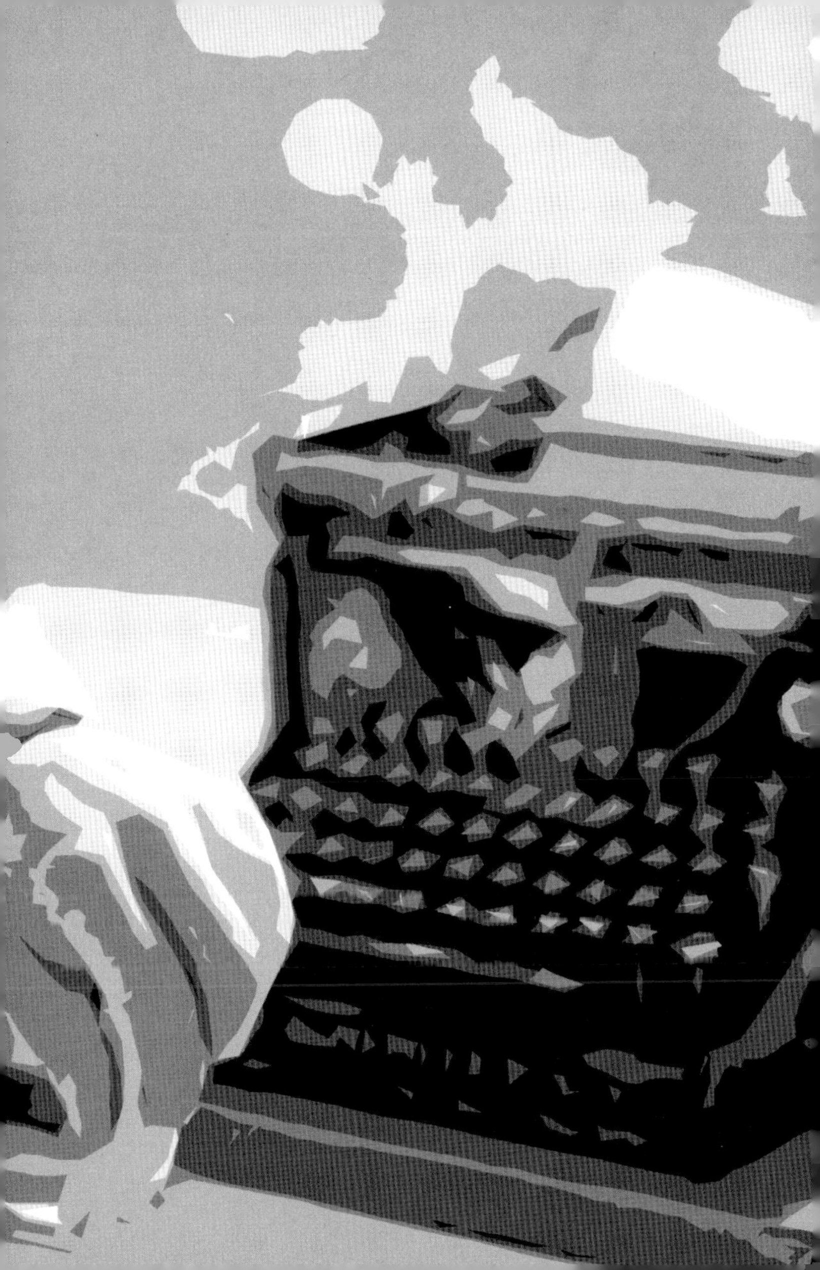

Tenho 68 anos e nunca vi tanta sujeira neste país tão belo. Senhor Voltaire: essas suas histórias de Natal só servem para enrrolar o leitor. O senhor devia usar o seu espaço para escrever coisas mais útil sem encher com tanta besteira o seu jornal corrupto. Essas bobajada que o senhor vomita todos os dias deviam ir para o lixo que nem toda a cambada de políticos podres que enchem de vermes nefastos e bandalheira o nosso tão querido "Brasil".
Assinado: Pedroso.

Luiz Mário me olha sem piscar. Os olhos dele são gigantes atrás das lentes de hipermetropia sutilmente enclausuradas numa armação de grife.

— Então, Voltaire, o que acha dessa carta?

— O cara escreve mal, hein.

O rosto de Luiz Mário fica sério. Pensando, certamente, na questão da ética na política brasileira.

— Não podemos esquecer a crise, Voltaire.

Crise? Desde que eu nasci o Brasil está em crise.

— O mensalão, Voltaire. O valerioduto.

O ano passado teve muita denúncia. Deputados recebendo dinheiro na boca do caixa. Com data certa no fim do mês. É o que uns dizem. Outros contestam. A verdade não se encontra facilmente. Está guardada em alguma conta da Suíça.

— Voltaire! E aí? Está me ouvindo?

— O mensalão. O valerioduto.

— Pois é. Pega duro, Voltaire. O leitor está de olho.

O leitor devia é olhar para uma gramática antes de escrever. Mas vamos lá.

Valerioduto. Um publicitário mineiro. De nome Marcos Valério. Quando o caso for esquecido, é um bom nome para eu usar em alguma história. Sílvio Valério. Flávio Valério. Vilma Valéria. Márcia Valéria. Podiam ser cinco irmãos. Formando uma quadrilha especializada em assalto a bancos. Voltando ao valerioduto. A grana que escorreu velozmente para o bolso dos pilantras de Brasília. O povo pedindo limpeza. O povo com esperanças no fim do ano. O povo precisando de fé.

— Tudo bem, Luiz Mário.

A história saiu num jorro de podridão.

MERGULHO MÍSTICO

O ano acaba. Mas o mar de lama ainda não secou.
Era grande a revolta no coração do sr. Pedroso.
— Sujeira. Roubalheira. Quem diria.
No réveillon, ele resolveu rezar pelo Brasil.
Sua Variant 83 levou-o devagarinho ao litoral paulista.
Na praia, a massa popular comemorava com fé a passagem do ano.
Batuques. Luzes. Mistérios. Oferendas.
O sr. Pedroso se deixou levar pelo clima místico.
— Ole-rê-ê ô. Saravá.
Seu corpo enferrujado obedecia sem querer aos ritmos do povo.
De repente, ele fechou os olhos. Caiu na areia. Sentiu uma ziquizira.
Seguiram-se gritos alucinados. Risos roucos. Visões contestáveis.
— Olha lá. Olha lá.
Apontou para um canal de esgoto na praia.
— Olha o valerioduto. Tem grana boiando. Também quero.
Mergulhou sequioso nas águas infectas. Só no dia seguinte seu corpo foi encontrado. Ainda com um sorriso nos lábios.
Quando baixam os espíritos, é bom que o corpo não afunde.

segunda-feira, 9 de janeiro

Começa a semana. Duas da tarde. Tudo calmo aqui na redação. O telefone toca. É Solange.

— Já sei. O *shopping*.

— Não, Voltaire. É grave.

— O que aconteceu?

— O Neno.

Neno uma ova. Neno coisa nenhuma. Neno para a família dele. O nome do sujeito é Camargo. Meu cunhado.

— O que é que ele tem?

— No hospital. A pressão. O médico falou que é sério. Uns nomes complicados. Até anotei aqui... hipertensão associada a um quadro de... deixa eu pôr os óculos... começa com a letra t...

Essa é fácil, Solange. T de torresminho com cerveja.

— Deixa pra lá, meu bem. Que hospital?

Ela disse o nome. Na certa o Camargo não tem plano de saúde. E vou ser convocado para dar um belo de um cheque-caução. Vou ter de pedir um adiantamento no RH.

É no andar de baixo. Só descer um lance de escadas. O caminho rápido para o olho da rua. Ou para afundar nos vales da inadimplência. Da dívida. Do salário curto.

Um riso suave e cristalino me distrai dos azares da vida.

— Hihihi... hummmm...

É a voz de Janaína. A estagiária dos cabelos samambaia. Paro no primeiro degrau. Outro riso. Não tão suave. Nada cristalino. É Luiz Mário. A força jovem da imprensa. Conferindo o vigor das rotativas. Pondo matérias em circulação.

— Hehe... hum...

Janaína dá um suspiro.

— Ai, Luiz Mário. Sabe, desde a noite de sexta passada.

Noite de plantão. Noite do Pescoção.

— Comecei a sentir, sabe? Que o destino está unindo a gente...

O destino. Ora essa. Vai lá o Luiz Mário entrar nessa conversa. Janaína continuou.

— Você acredita em horóscopo, Luiz Mário? Não ri... é sério...

Não posso ficar ouvindo esse diálogo. O jornalismo caiu muito de nível ultimamente. Melhor tratar da vida. O celular do Luiz Mário está tocando. Janaína continua.

— Diz que trabalho e amor são uma coisa só para os librianos...

— Alô. Fala. Que foi? É grave?

— Luiz Mário, sabe que eu adoro essas noites de pescoção?

— No pescoço? Verdade? Está no hospital?

— Responde, Luiz Mário.

— Quantas facadas?

— Você é de Touro, não é?

— Bom, vê aí o que você faz. E manda um abraço para ela.

O clima já não é de intimidade amorosa. O mundo obejtivo interrompeu o idílio num toque de celular. Mais alguém no hospital. Facada. Quem será? Aproveito para continuar meu caminho até o RH. Cruzo com Janaína subindo a escada. Ela arruma o botão da miniblusa. Na semi-escuridão da passagem de serviço, creio ter visto uma lágrima nascendo em seu rostinho celestial. Como uma estrela esquecida em alguma página do Almanaque do Zodíaco. Luiz Mário está agitado. Nem me diz boa tarde.

— Você ouviu, Voltaire?

— Ouvi o quê?

— A Débora. Facada no pescoço. Parece que foi assalto. Esta noite.

Débora. Nossa astróloga de plantão. Luiz Mário está agitado.

— E agora? Alguém tem de fazer o horóscopo, caramba.

— A Janaína não entende disso?

O rosto de Luiz Mário se desanuviou.

— Graaande Voltaire... a voz da sabedoria...

De estagiária, Janaína foi promovida a astróloga-substituta. Vou mais tranqüilo pedir o adiantamento no RH. Penso que o destino, por vezes, pode ser lido no brilho das estrelas. Mas também que o brilho de uma faca, nas mãos de um assaltante noturno, pode mudar o destino de muita gente.

Ah, o Camargo. Fui até o hospital. UTI. Visitinha rápida. O médico disse que ele escapou dessa. No leito ao lado, um rosto conhecido. A astróloga Débora sorri para mim. Parece estar perguntando.

— Como você soube que eu estava aqui?

Não foi lendo no horóscopo, Débora. Infelizmente.

Os seres humanos, por vezes, se juntam em bizarras constelações.

Volto lentamente para o jornal. Trânsito carregado. Penso na barriga enorme do Camargo. Nas armadilhas do destino. Nos mistérios do zodíaco. Como numa gravidez impalpável, uma nova história cresce dentro de mim.

Ano novo. Época de esperanças. Época de previsões.
O dr. Evaristo não andava bem de saúde.
O colesterol. A pressão. A obesidade. O torresminho.
Os negócios também lhe causavam preocupação.
Num país corrupto, como saber onde investir?

Um toque de crítica nunca é demais e agrada ao leitor qualificado.

ASTROLOGIA

MAPA NATAL

Recomendaram-lhe uma cartomante.
Mapa astrológico. Bola de cristal.

"Mapa astrológico" fica estranho. Mas se eu pusesse "mapa astral" rimava com cristal. Fica astrológico. Não é uma rima, e é uma solução. Para quem acredita, é claro.

Madame Ramíris era uma vidente argentina. Famosa na zona Oeste.
— Si, si, doctor Ebaristo. Por favor, senta-te en la cadeirita.

Imitar sotaques por escrito é um dos meus pequenos prazeres. Um leitor certa vez me acusou de preconceito. Pode ser. Pode não ser. Um velho dinossauro da imprensa tenta ganhar seu pão. E aí aparece um sujeito politicamente correto querendo proibir a reprodução de um sotaque argentino. E exige que o dinossauro dance balé. O dinossauro tenta se adaptar aos novos tempos. A sapatilha não serve em suas patas, já disformes pelas longas caminhadas nas florestas do carbonífero. Ele olha para o céu, em desespero. A terra treme. A bocarra do dinossauro tenta fazer biquinho e exalar uma prece para a divindade dos dinossauros. Do céu estrelado, contudo, não provém nenhuma mensagem de carinho. O dinossauro olha ao seu redor. Espécies estranhas pastam. Ele está só. Talvez seja o último grande réptil sobre a terra. Súbito, do céu, um sinal. Uma luz. É o Grande Meteoro que se aproxima. Irá extingui-lo para sempre. Impiedosamente. Pergunto ao leitor: quem merece proteção? O dinossauro acuado pela inclemência dos tempos, ou algum argentino ofendido hipoteticamente só porque uma certa Madame Ramíris é cartomante na Vila Madalena? Deixemos de lado o dinossauro. Salvemos o dinossauro. Tanto faz. A história continua.

A banqueta gemeu sob o peso do grande investidor.
— Mis previsiones... son malas. Muy malas.

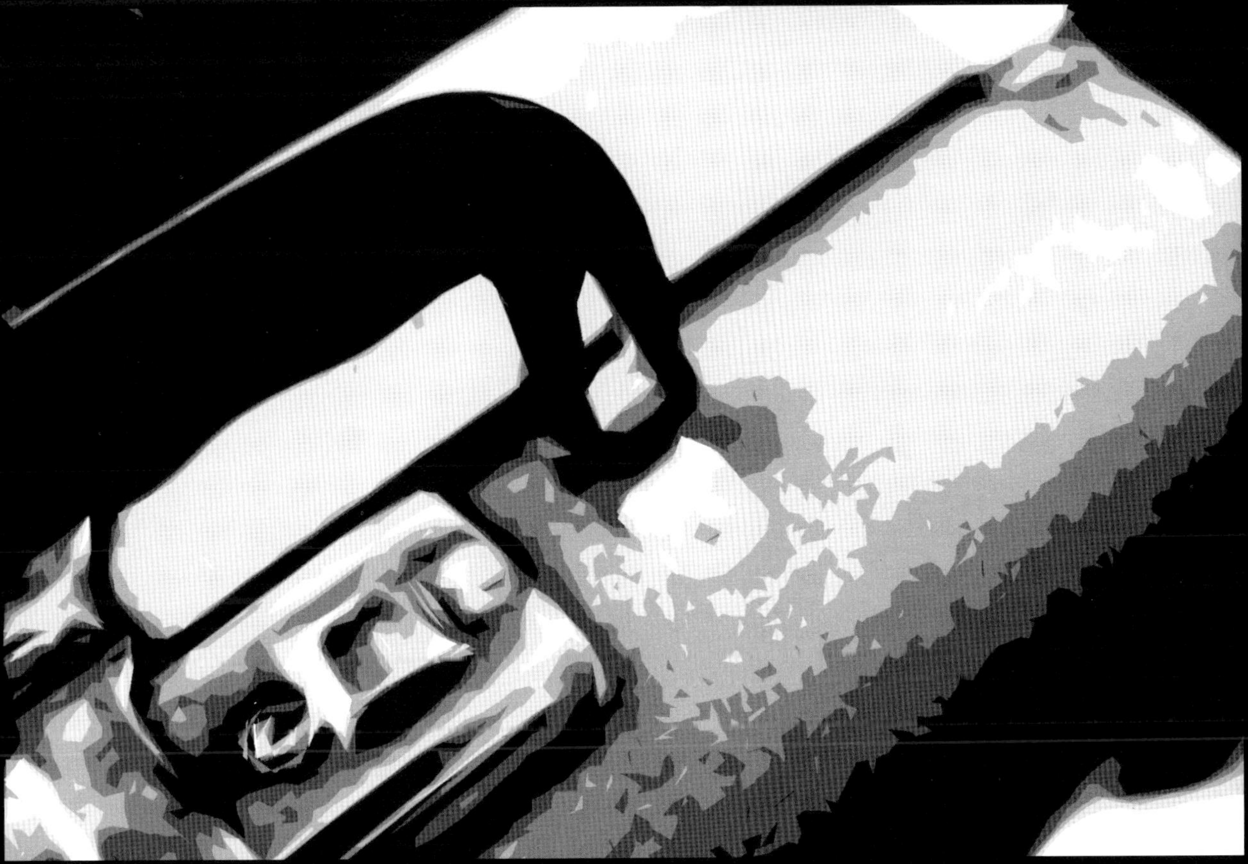

Evaristo pensou em malas de dinheiro. Cheias de dólares corruptos.

Mesmo pessoas honestas sonham com a bandalheira a seu favor.

Seu coração batia aceleradamente.
— Madame Ramíris. Que malas?
— Siléééncio, por fabor... dejame leer en la bolita de cristal.
A barriga esférica de Evaristo palpitava num ritmo opresso.
De repente, som de tiros. Briga de traficantes na região.
Uma bala certeira estilhaçou a mística esfera de vidro.
— La muerte. La muerte se aproxima. Hay que proteher-se.
Evaristo tentou esconder-se debaixo da mesinha da vidente. Grossas bagas de suor frio afloraram em sua testa como estrelas aziagas.
Era enfarte. Mais rápido que um ataque de traficantes.
As mãos de Madame Ramíris tocam o cadáver frio do cliente.
— Con esa barriga... redondita... no habia necessedad de bola de cristal.

Moral da história.

Para muitos, o futuro está nos astros ou numa bola de cristal.
Por vezes, entretanto, está bem ao alcance da mão.

Falta um título.

PREVISÃO FUNESTA

Um tanto evidente. Outra tentativa.

NA PALMA DA MÃO

Numa mesinha de canto, Janaína capricha no primeiro horóscopo de sua carreira. Mostro-lhe a minha crônica. Ela pensa diante da moral da história.

— Posso ser sincera, Voltaire?

Lá vem bomba. Lá vem meteorito.

— Sabe, eu gosto muito de astrologia...

O suspiro da encantadora jovem transmite um odor de chiclete de canela.

— Mesmo assim eu concordo com você, Voltaire. O futuro está ao alcance da mão.

Reprimo a vontade de tocar na sua cabeleira florestal.

— Gosto de astrologia, mas ler as mãos é muito mais confiável.

A minha ela vai ler a tapa.

terça-feira, 10 de janeiro

Luiz Mário está de cara feia.
— Voltaire... a coluna de ontem.
— Que que tem?
— Enorme, cara. Tivemos de espremer o corpo da matéria.
Corpo é o tamanhinho das letras. Tiveram de ficar muito pequenas para caber. Mas desse assunto ele entende. Espremer o corpo da matéria.
— Depois, tem uma coisa.
— Hã.
— Mexer com astrologia... sabe como é, o leitor do jornal... pode não gostar.
Janaína aparece para ouvir a conversa.
— Ué, Luiz Mário, o que tem de mais?
— Bom... é que eu estava explicando aqui para o nosso Voltaire...
Nosso coisa nenhuma.
— Ah, Luiz Mário, mas eu adoro as histórias dele...
Excelente moça. Verdadeira fada da liberdade de expressão. Luiz Mário deu uma guinada estranha na conversa.
— Por isso mesmo, Janaína. É o que eu estava dizendo.
Janaína não entendeu nada. Eu também não. Luiz Mário prosseguiu.
— Estava com uma idéia, Janaína. Quem sabe o Voltaire pode te dar uma ajuda na questão dos textos... fazer uma revisãozinha no que você escreve...
Nossa nova astróloga ainda não tinha muita prática de redação, isso era um fato.
— E você, Voltaire, lê os textos dela. E quem sabe acaba perdendo seus preconceitos nessa área.
— Tudo bem, Luiz Mário. Acho difícil, mas posso tentar, claro...

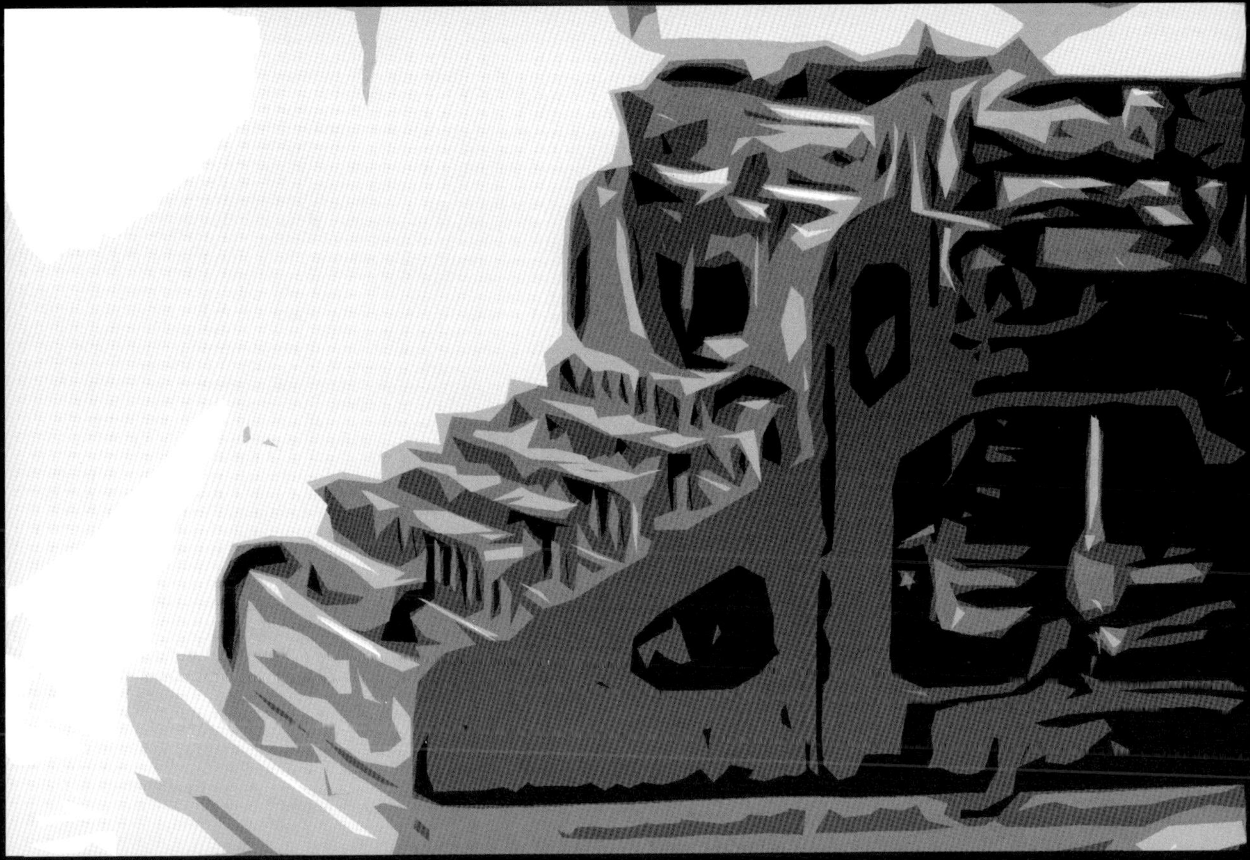

Habilidoso, esse rapaz. É o que eu sempre digo. Dirigir um grande jornal é saber administrar talentos. Antes de sair para uma reunião, Luiz Mário ainda faz uma recomendação.

— Fala da roubalheira, Voltaire. Que o leitor curte mais.

Tudo bem. O problema da corrupção tem abalado a república nestes tempos. Mas quem será que mente mais? Um falso vidente ou uma autoridade envolvida em maracutaias? Previsões sobre o amor. Previsões sobre o crescimento econômico. Previsões sobre o ano novo. Lorotas sobre o ano passado. Não se equivalem? Nada sabemos do futuro. Saberemos alguma coisa sobre o passado? A história do dia começava.

NADA A DECLARAR

Ano novo, vida nova.
Mas 2005 ainda deixa marcas em muita gente.
O deputado Patrício Peroba tivera muitos problemas. Corrupção. CPIs.
— Sou inocente. Sou um perseguido político.
Para relaxar, ele foi convidado a passar o réveillon numa bela mansão.
O empresário J. P. do Prado reunia intelectuais, artistas e celebridades.
— Bem-vindos. Ganha um champanhe quem disser menos mentira. Hahaha.
Patrício tomava muitos cálices de bebida importada. E insistia.
— Juro. Sou inocente. Quero limpar meu nome.
Um escritor místico de fama internacional ouvia sua conversa.
— Veja, Patrício. Tenho poderes ocultos. Força espiritual.
Patrício fechou os olhos. O mago fez misteriosos passes sobre sua cabeça.
— Vamos. Esqueça tudo. 2005 não existiu. Concentre-se.
Patrício sentiu uma tontura. Muito champanhe, talvez.
Caiu no chão de mármore com violência. Fratura craniana. Aneurisma.
No hospital, ele curte a amnésia completa e definitiva.
— Não lembro de nada. Não fiz nada. Nada mais a declarar.
A inocência é como o poder. Não se ganha, se conquista.

terça-feira, 17 de janeiro

E por falar em inocência. Janaína não pára de me perturbar. Suas mãos delicadas de deusa produzem barbaridades ao teclado. Estrelas e planetas rodopiam ao meu redor.

— Lê só mais esse horóscopo, Voltaire... é o de Touro.

Toca o telefone. É Solange. Está mais feliz. Notícias de Camargo.

— Ele saiu do hospital. Está tudo em ordem agora. Foi só um pequeno susto.

— E a conta do médico? Já mandaram?

— Já... deixa eu pôr os óculos...

Aí sim que se pode avaliar o tamanho do susto.

Solange comunicou-me aos poucos uma soma de dimensões descomunais. Coisa para dinossauro nenhum botar defeito.

Janaína insistia para que eu lesse o horóscopo de Touro.

— Você sabe, Voltaire... é o signo do Luiz Mário.

— Esse sujeito está me saindo caro.

— O médico disse que pode parcelar.

— Tudo bem. Depois eu vejo isso.

— Vê agora, Voltaire... por favor...

— Tudo bem. Eu vejo agora.

Janaína me entregou a pequena peça de especulação zodiacal. Mas antes havia um longo contexto sobre o qual ela queria dar explicações. Dispensáveis, sem dúvida.

— Sabe, eu e o Luiz Mário...

— O que é que tem?

— Ele gosta de mim, eu sou apaixonada por ele...

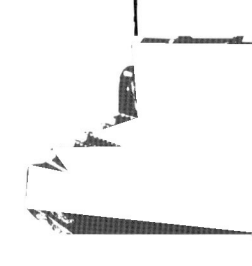

— Hã.

— Mas tem coisas em que a gente não combina.

Agora eu ia ter de abrir um consultório sentimental também.

— Por exemplo.

— Ah, cinema. É tão gostoso ver um filme juntinho...

Bom, depende da companhia, na minha opinião. Pessoalmente, ir ao cinema com o Luiz Mário não me pareceria uma experiência inesquecível. Mas tudo é relativo. Uma soma descomunal para mim talvez fosse fichinha para os médicos de luxo que cuidaram do Camargo.

— Voltaire, você está me ouvindo?

— Mais ou menos.

— Sabe, ele adora balada... danceteria. *Techno, funk, techno-funk, trash*...

— Está no direito dele.

Fico pensando o que eu tenho a ver com isso. Cada um que dance o que lhe dê na veneta. Na juventude também cultuei os ritmos da época. Vagas lembranças me assolam. Casas de samba e boemia há muito transformadas em templo evangélico. Mas o que passou já não importa. Gato que virou tamborim não mia no telhado.

— Presta atenção, Voltai-ai-aire...

Ela me cutuca de leve no ombro. Saio de um sonho para acordar em outro sonho. Tem forma de estagiária.

— O problema é que eu não gosto de dança, Voltaire. Gosto de cinema, aquela coisa, sabe, só nós dois... filme romântico... sem barulheira.

Minha paciência tem limites.

— E daí? O que tem isso a ver com o horóscopo?

— Então. O signo dele é Touro. Olha o que eu escrevi.

Ela me entrega a cópia impressa. Até o papel se impregna de seu perfume intenso. Amadeirado. Sensual. Até um parágrafo do seu horóscopo se impregna da figura lúbrica de Luiz Mário. Até uma frase minúscula de Janaína se impregna de chocantes aberrações gramaticais.

TOURO. Você trabalha demais. Procure relachar.

Essa doeu mais que uma chifrada.

Certas diverssões porém, se tornam inervantes.

Enervante é fazer revisão de horóscopo escrito pela namorada do chefe.

Seu espírito agitado merece um descansso mais profundo para o organismo.

A morte, com certeza.

Um cinema e um bom vinho branco alemão podem ser uma ótima opção para estas noites de inverno.

— Noites de inverno? Estamos em janeiro, Janaína.
— Nossa. Será que eu vi errado no Almanaque Solar?

A boca de Janaína tinha a cor agreste e inculta das pitangas de quintal. Para saber se é inverno ou verão, não são necessárias consultas ao Almanaque Solar. É só abrir a janela. Olhei para o céu. Nuvens cor de chumbo obscureciam o firmamento. Olhei para Janaína. Para aquela encantadora criatura, o sol da Razão parecia ocultar seus raios com avareza. Eclipse da inteligência. Eclipse do jornalismo. Eclipse da astrologia. Continuei.

... A influênsia de Vênus fortalecesse com o vinho e o "escurinho do cinema".

— Fortalecesse? Você quis dizer fortalece-se?
— Não foi isso o que eu escrevi?
— E com o vinho a influência não seria de Baco?
— É de Vênus mesmo, Voltaire. Isso eu tenho certeza.
Rabisquei as correções essenciais.
— Ai, obrigado, Voltaire. Você é tão culto.

Segurou meu rosto com as duas mãos. Infelizmente o conhecimento da língua portuguesa não se adquire pelo contato físico. Já de outras línguas, pode ser. Não dá para ser dogmático o tempo todo.

A palpitante minissaia de camurça afastou-se de minhas proximidades e foi sentar-se no lugar devido. Eu tinha uma história para escrever. Cinema. Incompatibilidade de preferências num casal. Certas músicas de Ary Barroso. Janaína. Tudo girava como os anéis de Saturno em minha mente. Abri o jornal. Dicas de cinema. Mais uma superprodução americana estreando nestes dias. Vamos lá.

ROMPENDO BARREIRAS

O conflito entre as gerações pode às vezes ser superado.
Norberto estava com cinqüenta e cinco anos.
Seus gostos musicais eram bastante antiquados.
— Ary Barroso. Samba exaltação. Meu Brasil brasileiro.
Ele andava saindo com uma bela morena de dezoito anos.
A Luanna. Mente americanizada. Amante do rock.
O corpo de deusa se agitava na minissaia de camurça.
Os cabelos samambaia balançavam ao som de ritmos infernais.

No sábado, rolava sempre uma discussão.
— Samba de raiz. Aquarela do Brasil.
— Play Center. Heavy Metal. Balada trash.
A solução foi um cinema no shopping.
Luanna queria ver o King Kong. Norberto concordou.
— Um clássico. Sem dúvida nenhuma.
No escurinho do cinema, sustos. Urros. Arrepios.
Um dinossauro e um gorila travavam duelo de vida ou morte.
Luanna segurou no braço coberto de pêlos de Norberto.
Instintos animais se agitaram naquele momento.
O vulcão do amor explodiu sobre poltronas de curvim.
Norberto se esqueceu de Ary Barroso.
— O importante é pôr o Rei Congo no Congado.
Rei Congo ou King Kong, tanto faz. O império do amor não tem fronteiras.

segunda-feira, 23 de janeiro

O tempo passa rapidamente. Muito trabalho. Os horóscopos de Janaína. Os feitiços de Janaína. Débora ainda no hospital. Camargo recupera-se bem de seu pequeno acidente vascular. Dedica-se agora a caminhadas pelo bairro de Santo Amaro. Nesta época de calor, isso só pode fazer mal à saúde. Solange me levou ao *shopping*. Comprar tênis novos para o Camargo. Um presente de boas-vindas ao mundo dos vivos.

— Esse sujeito nunca deve ter usado tênis na vida.
— Olha quem fala, Voltaire.
— Mas não tenho a pretensão.
— Não é pretensão, é necessidade.
— Se é necessidade, não precisa ser de grife.
— Mas é melhor.
— Depois, ele corre o risco de ser assaltado.

Eis um dado da realidade. Pivetes são capazes de matar uma pessoa para ficar com um modelo especial de calçado esportivo.

— Você acha esse aqui muito chamativo?

Solange me mostra um tênis prateado com solado grená.

— Tudo bem. Eu não usaria, mas o Camargo...
— Custa seiscentos e pouco.

O meu cartão de crédito não é prateado. Mas algumas gotas de sangue grená parecem escorrer aos poucos do rombo que começa a nascer na minha conta.

Solange está indecisa. Pega o celular.

— Vou ligar para a Daiane.

Sobrinha dela. Maníaca dos esportes radicais. Descontente com o arco-e-flecha que lhe demos no Natal. Vai opinar sobre os tênis do pai. Quem sabe a loja troca um arco-e-flecha em bom estado por um par de tênis novos. Ou quem sabe Camargo passa a correr de arco-e-flecha para se proteger dos ataques dos pivetes. Mundo moderno. Mundo selvagem.

A imagem de alguém usando arco-e-flecha atravessa a minha mente. O signo de Sagitário.

— Qual o signo do Camargo?
— Sagitário, Voltaire, Sagitário.

De estranhas coincidências é feita a nossa vida.

— Liga para a Daiane, vai.

Solange tecla o aparelhinho diabólico. Ocupado.

— Ah, me lembrei de uma coisa.
— O quê?
— Sabia que tem uma amiga da Daiane trabalhando no jornal?
— Não.
— Uma moça muito inteligente. O nome dela... deixa eu lembrar... começa com G... não, com J...

Janaína.

— Hã. Como ela é?
— Diz que linda. Um cabelão. Desses tipo samambaia, sabe.

Sei sim.

O rapaz do caixa embrulhou o tênis supersônico. Tempo de voltar para a redação. Chuvas. Tempestades. Trovoadas. O mês de aniversário da cidade não conhece champanhe. É água no céu e lama por toda parte. O que pode fazer um par de tênis de grife numa cidade assim? Isca de assalto. Tapete mágico para o Além. Substituto inviável para o esqui aquático. Tempo de escrever uma história.

Cuidar da saúde é dever de todos.
Aparecido voltava de uma consulta médica.
O doutor Marco Aurélio era extremamente pessimista.
— Ou o senhor faz esporte, ou então...
As duas mãos do cardiologista simularam um bater de asas.

Médico bom tem de praticar o pessimismo, na minha opinião. É como jornalista: quem avisa amigo é. Se der tudo certo, o paciente ainda agradece. Mas o leitor não agradece nunca. E tem razão, aliás: porque nada dá certo neste país.

Manhã de sábado. Aparecido estreava seu novo par de tênis num dos parques mais badalados da cidade.
Na pista de corrida, uma bela mulher passou com velocidade de flecha.
Partes de seu corpo espetacular saltavam graciosamente dentro do moletom grená.
Saúde. Beleza. Juventude. Aparecido apressou o passo para alcançar a divindade fugidia.
A pista ainda úmida do temporal da véspera não colaborou com seu intento.
O tropeço. A derrapada. A luxação no tornozelo.
Um adolescente se aproximou. Seu nome era Jordisson.
— Tudo em cima, tio?
A face de Aparecido se retorcia num esgar de dor.
Jordisson segurou com cuidado o tornozelo do quarentão.
Num movimento preciso, arrancou o tênis daquele pé machucado.
Ia arrancar o outro tênis. Aparecido quis resistir.
O estilete de Jordisson entrou direto em seu coração.
A deusa do moletom grená tinha dado uma volta na pista. Encontrou Aparecido descalço e agonizante. Já não dava tempo de chamar a ambulância.

Aparecido já rumava para as pistas mais seguras de outro mundo.

Com um sorriso nos lábios. E as mãos tentando tocar os cabelos samambaia da esportista.

— Deusa... minha deusa fugidia...

Moral da história?

As flechas de Cupido pouco podem diante de um estilete afiado.

Pessimista demais, talvez.

Mesmo coronárias entupidas não resistem aos chamados do amor.

Mas o chamado do amor, aqui, não adiantou coisa nenhuma. Quem sabe um tom mais crítico.

Tênis de grife não impedem ninguém de bater as botas.

Resolvo depois. O título é mais tranqüilo.

DEUSA DE MOLETOM

A porta de alumínio da redação se abre sem ruído. Um cheiro de cabelo molhado e de canela toma conta do ar cheio de vícios. Janaína está vestindo uma espécie de abrigo grená.

— Que chuva, hein, Voltaire.

— É.

terça-feira, 24 de janeiro

O mês acabando. O salário acabando. São Paulo quase acabando também. A cidade comemora seu aniversário. Respeita-se, nesta época, uma tradição. A tradição da enchente. Da inundação. Do alagamento. Janaína aparece com um de seus rascunhos abomináveis.

CAPRICÓRNIO. Não exite.

Hesite. Não hesite, Janaína.

Mergulhe a fundo no que a vida oferesse de bom e de não tão bom assim. Deixesse levar pelas correntesas do destino. Lembre que a vida é uma só e "não se banham duas vezes no mesmo rio".

Os espetaculares olhos esverdeados de Janaína me encaram com dois redemoinhos de dúvida. O turvo espírito da jovem pede orientação e elogio.

— Gostou, Voltaire? Pus até a frase de um livro que eu li. Acho que é do Paulo Coelho.

— Heráclito, minha filha. Um grego. Foi ele que disse que ninguém mergulha duas vezes no mesmo rio.

— Mergulha? Não é que ninguém toma banho?

— Tanto faz, Janaína.

— Tem certeza, Voltaire?

— Mergulhar, afundar, afogar-se, tomar banho... o sentido é o mesmo.

— Mas não depende se o rio é rasinho ou fundo?

— Tem gente que se afoga até num pires.
— Hã.

A jovem aprendiz tenta absorver minha mensagem. Mas precisa de uma resposta rápida.

— Então, Voltaire? Gostou?
— Está OK. Só que você errou de signo.
— Como assim?
— Esse não é o horóscopo de Capricórnio. É o de Peixes.
— Nossa, Voltaire. Não sabia que você entendia assim de astrologia.

Nuvens de tempestade se acumulam na atmosfera de São Paulo. A porta de alumínio da redação se abre. É Castrucci chegando de guarda-chuva.

— E aí, Voltaire? Será que tem mais chuva hoje?
— Pergunte para a nossa astróloga aqui.
— Acho que sim, né... tudo indica.

Por via das dúvidas, Castrucci já está naquela água. Janaína retorna ao seu posto avançado de prospecção astral. Os olhos injetados de Castrucci acompanham os movimentos da sereia. Ele me cutuca.

— Voltaire, ela está a fim de você.
— Conversa.
— Está todo mundo comentando. Ela não larga do seu pé.
— Só do pé, Castrucci. Nessas águas tem gente que vai mais fundo.

A frase de Castrucci me deixa preocupado. Olho para a mesa de Luiz Mário. Ele está esbravejando com alguém ao telefone. Suas broncas são famosas no meio jornalístico. Vejo-o fazendo um gesto automático. O de tirar o crachá funcional do bolso. Naquele cartãozinho de plástico, estão seu nome, sua fotografia, e o atestado de seu poder. O título de secretário de redação.

Pergunto a Castrucci se tem notícias da Débora.

— Está se recuperando. Mas o caso foi sério. Facada profunda.

— Já pegaram o assaltante?

— Não vão pegar, Voltaire. Nunca.

— Vou dar uma passada lá no hospital.

— Nunca vão pegar, Voltaire, ouça o que eu digo.

O rosto de Castrucci está a um palmo do meu nariz. Vapores alcoólicos de indistinta origem impregnam de delírio e de certezas sua estranha declaração.

— Tem peixe grande envolvido aí.

Luiz Mário berra da sua cadeira de comando.

— Cadê a previsão do tempo? Como é que não chegou ainda?

São três da tarde. O serviço de meteorologia do jornal anda falhando muito.

Folhas amassadas de nosso periódico são agitadas pela tempestade emocional do nosso editor-responsável.

— Como é que pode? Tempo seco? Queda de temperatura? Quem escreveu essa cretinice na edição de hoje?

Do lado de fora, raios e trovões aprovam a indignação de Luiz Mário. Um estrondo. E a redação fica sem luz. Luiz Mário lança um brado para os céus.

— Cadê o gerador? Como é que nem o gerador funciona?

Pressinto ao longe uma pele de seda arrepiando-se de medo.

— Ai, Luiz Mário, estou com medo...

— Vem cá, Janaína. Fica calma, por favor.

A luz volta no momento em que dois corpos jovens se tocam. A alma generosa de uma dezena de colegas jornalistas prorrompe num coro de regozijo.

— Êêê...

Por vezes, sinto estar numa espécie de jardim da infância. Janaína recompõe-se encabulada. Luiz Mário clica no *mouse*.

Hora de trabalhar.

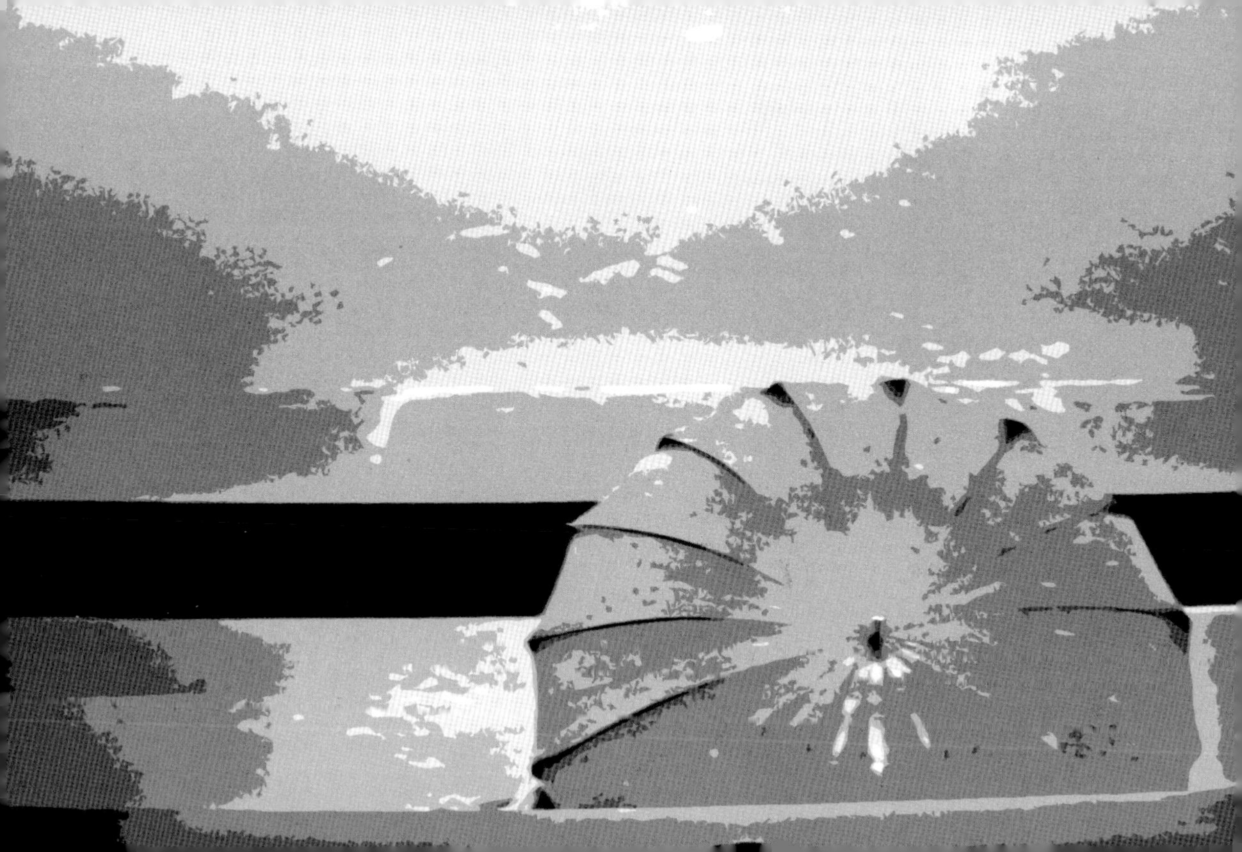

Primeiro, uma história sobre o aniversário de São Paulo. Lembrando as velhas tradições da raça bandeirante.

BRADO PAULISTA

Aniversário da cidade. Dona Edyla balançava a cabeça.
— São Paulo não tem mais conserto.
A velha senhora não se conformava com o progresso.
— Tudo degradado. Tudo estragado. A cidade acabando.
Ela se lembrava da cidade de sua infância.
— Parecia Europa. Não tinha essa baianada.
O preconceito é forte em certas áreas de nossas elites.

Assim não me chamam mais de preconceituoso.

Dona Edyla tocou a sineta e chamou a empregada.
— Lucinéia. Você de onde é?
— Da Paraíba, dona Edyla.
— Muito bem. Está despedida. Volte para a sua terra.
Lucinéia não conseguia entender a razão da súbita crueldade.
— Vá embora, estou dizendo. Chega de nordestino por aqui.
A velha senhora estava exaltada. Puxou da garganta o brado de seu povo.
— Terra paulista! Voluntários de 32! Vitória ou morte!
Um enfarte fulminante interrompeu o nostálgico clamor.
No cemitério, dona Edyla agora comunga com a terra que a viu nascer.
Todos somos migrantes quando chega a hora final.

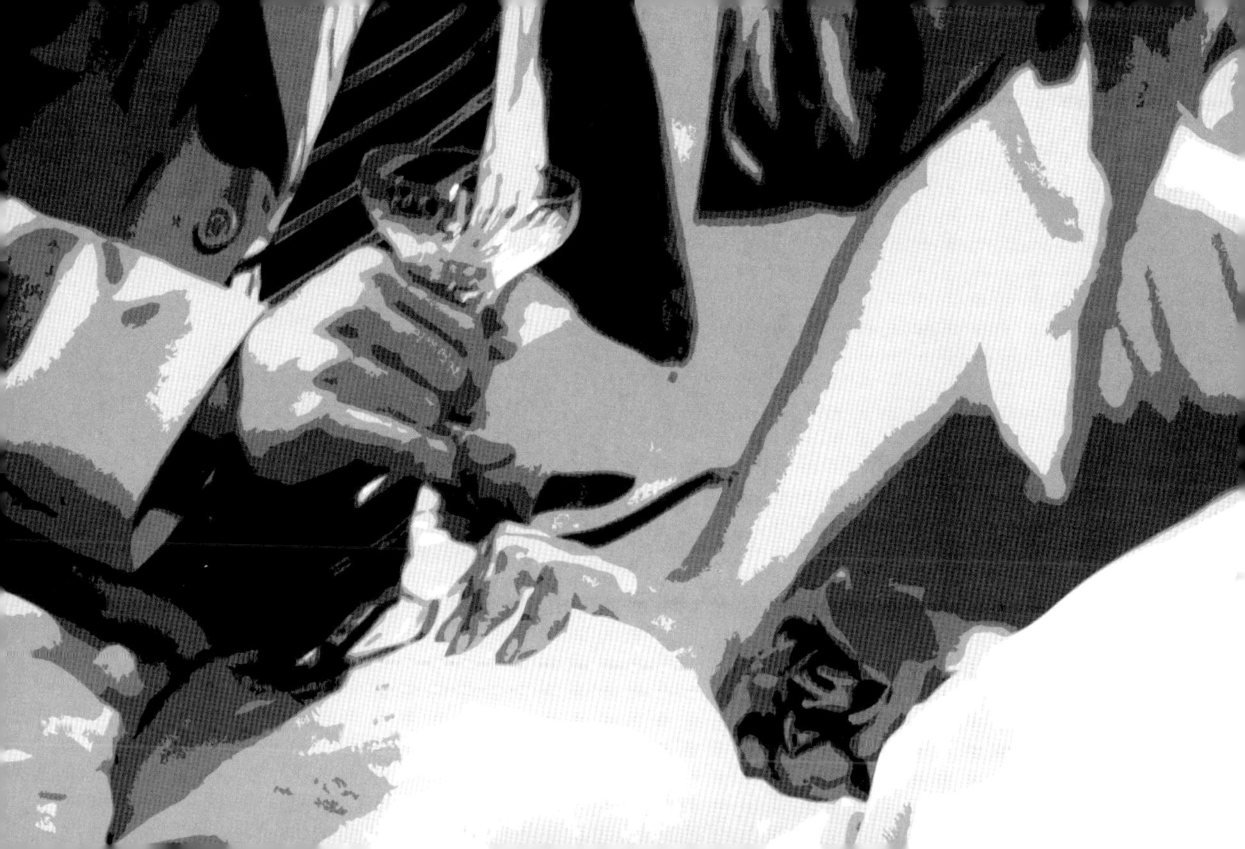

A sonoridade da última frase não ficou boa. "Somosmigran". Parece remédio para enxaqueca.

Somos todos migrantes quando chega a hora final.

Esta foi a história relativa aos signos da terra. Agora, os outros grupos do zodíaco. Esse negócio até que tem certa lógica. O elemento ar. O elemento fogo. E o elemento água. Assim fico livre o resto da semana.

PLANOS DE MUDANÇA

O transporte aéreo é indispensável ao mundo moderno.
Alfredo era um piloto respeitado e experiente. Mas andava bebendo demais. Ele trabalhava para o poderoso traficante Tuluca.
Era uma segunda-feira de manhã. Eles tinham agendado uma conversa.
— Chefe... sabe, eu tenho um pedido...
Tuluca escutava cheirando pó.
— Precisamos de um avião novo. O motor deste aqui... eu não garanto.
O traficante fechou a cara. Começou a bronca.
— Não sabe da crise? Pensa que dinheiro cresce em árvore?
— Chefe. Não posso pilotar uma sucata.
— Por quê? É medo? Você nunca foi disso, Alfredo.
— A fuselagem não se segura mais, chefe.
— Mas é você quem treme. De tanta cachaça.
Tuluca tirou a pistola do bolso. Seus olhos brilhavam friamente.
Com um tiro no lado esquerdo do peito, Tuluca acabou com a vida do seu fiel colaborador.

— Lamento, Alfredo, mas a sucata é você.

Projetos e homens são como bagagem. Cedo ou tarde, alguém os descarrega.

Toca o celular. Interrompendo meu surto de criatividade.

É Solange.

— Como é, amor? Já acabou?

— Falta um pouco ainda, benzinho.

Solange tem pressa. As mulheres têm pressa, quando não estão sem pressa nenhuma. Combinamos um breve passeio ao litoral. Recarregar as baterias no feriado paulistano. Só que antes de sair tenho de deixar as colunas prontas. Jornalista não tem isso de férias. Pelo menos os da velha guarda. Deixa a chamada Gaveta. O IML das reportagens congeladas. Quem estiver de plantão que ligue o microondas. Que o negócio é pôr o pé na estrada. Aproveitar o calor, ir para a praia, entrar no mar...

A voz cortante de Solange interrompe a deriva de meus pensamentos.

— Você não entra nunca no mar, Voltaire.

Mas como eu ia dizendo. As férias de um jornalista se resumem a uma troca de gavetas. Tiro de uma o velho calção de banho. E encho a outra de papel pintado. Essa é a profissão. Já o casamento...

— Você já fez as malas, Voltaire?

— Isso leva tempo, amor.

Há pessoas que passam a vida fazendo as malas. Mas quando vão embora não deixam endereço.

— Acaba logo essas suas reportagens.

Vinte e cinco anos de casados. E até agora ela chama de reportagem o que eu escrevo.

— Crônica, benzinho.

— Crônica. Tudo bem. Crônica é a sua moleza, Voltaire.

Com o convívio as pessoas acabam ficando parecidas.
— Que foi que você disse?
Solange bate o telefone na minha cara. Pode deixar. Ao trabalho.

PISTA MOLHADA

Verão. A estação das chuvas também pode ser a estação do amor.
Nuno e Eliane estavam tendo um caso.
A mulher de Nuno se chamava Odete e estava no Guarujá.
Nuno sabia de um motel em promoção.
O Titanic Motel. Onde os casamentos naufragam.
Nuno combinou de pegar Eliane na saída do serviço.
Quando ela entrou no carro, um perfume intenso tomou conta do ambiente. Exótico. Sensual.
— Caramba, Eliane...
Aquela morena espetacular agitava seus fartos cabelos tipo samambaia.
Nuno mal prestava atenção no trânsito.
O motel ficava na Raposo. Tráfego intenso. Muita chuva.
Nuno tentava se controlar. Áreas de alagamento surgiam à sua volta.
— Temos de sair do carro. Vai inundar tudo.
Enxurrada forte. Terreno escorregadio.
Abandonado num barranco, estava o caminhão da Loja de Móveis Fofyta.
— Olha... uma cama de casal. Com colchão e tudo.
No balanço da enxurrada, o sexo rolou sem culpa e sem despesa.
Quando a pista está molhada, ninguém faz questão de suíte.

O que é que estava faltando mesmo? O elemento fogo. Mas o telefone toca novamente. É Solange.

— Voltaire. Esqueci uma coisa.
— O quê?
— Qual a previsão do tempo? Alguém aí no jornal sabe se vai ter sol?

Olho para Luiz Mário. Nuvens enfarruscadas cercam a sua cabeça. Ele tenta contato com o meteorologista de plantão.

— Denisário? Denisário, está me ouvindo? Joça de celular.

Denisário. Nosso meteorologista. O rapaz tinha certo valor. Começou como uma promessa. Mas nem essa previsão se cumpriu. As únicas nuvens que ele enxerga são as que saem do seu cigarro de maconha.

— Voltaire? Voltaire, está me ouvindo? Ai, meu celular.
— Espera na linha, estou tentando entrar em contato...
— Luiz Mário? Como é, chefia? Tudo beleza...??
— Mas nem para uma previsão de tempo você serve, Denisário?
— Mas nem para uma previsão de tempo você serve, Voltaire?

Um grande trovão interrompe o drama da falta de comunicação humana. Quase que eu perco os arquivos do computador. Quase que eu perco a paciência com a Solange. Mas o casamento é como um texto de jornal. A gente só se lembra de salvar quando já está tudo terminado. Deixo o telefone fora do gancho. E vamos ao elemento fogo. O último de nossa série cósmica.

TEMPO QUENTE

Nem todo o mundo curte o verão.
O dr. Ribeiro era um advogado de sucesso.
— O sucesso é conseqüência do trabalho. Só isso.
A família tinha ido para a praia.
O dr. Ribeiro não queria nem saber.

— *Imagine... aquele calor... aquela aglomeração.*
Aproveitava os dias mais calmos para dar uma ordem na papelada.
Calma e método reinavam naquele belo escritório no Centrão.
Mas o dr. Ribeiro começou a sentir um calor fora de série.
— *Será que o ar-condicionado não está funcionando?*
Abriu a janela. Grossos rolos de fumaça vinham dos andares de baixo.
Incêndio sério. Ribeiro desceu em pânico as escadas do edifício.
Congestionamento humano. Embolamento total.
O advogado tirou o paletó. A camisa. A calça.
Já no térreo, de cueca, curte os jatos d'água do carro de bombeiros.
Ao lado da bela recepcionista Lúcia Helena.
Que diz gostar muito dos cabelos de neve do chefinho.
Não adianta fugir. O tempo quente está, por vezes, sempre perto de nós.

Pronto. Vai mais um no embalo. Pronto para ser arremessado na gaveta.

PRATAS E CRISTAIS

Os casamentos duram cada vez menos em nossa sociedade.
Para o sr. Ulpiano e dona Marilise, aproximava-se o momento de comemorar.
O casamento de ambos durava 25 anos. Bodas de prata.
— *Quero uma grande festa, Ulpiano.*
O bem-sucedido comerciante de louças concordou.
— *Bodas de prata não é para qualquer um. Já encomendamos as flores e o padre.*
Os problemas surgiram nos detalhes do cardápio.
— *Sopa de aspargos. É mais fino.*

— Nesse calor? Melhor salada russa.

Orçamentos diversos se espalhavam sobre a mesa do living.

— Você sempre foi pão-duro, Ulpiano.

— Pensa que dinheiro cai do céu?

— Você não seria nada sem a ajuda da minha família.

O argumento atingiu um ponto sensível no passado do sr. Ulpiano.

O pesado castiçal de prata brilhou estranhamente nas mãos do sexagenário.

E atingiu um ponto fatal na nuca de dona Marilise.

Flores e serviço religioso vieram com desconto no velório. Que não teve doces nem salgadinhos.

Prata, ouro ou diamante, não importa: matrimônios são sempre de cristal.

A chuva dá sinais de sossegar. A noite chega com brisas de calmaria. Luiz Mário chega para mim com um sorriso afável.

— Infelizmente, você viu a situação.

— O Denisário...

— Pois é. Tive de dispensar. A coisa chegou ao limite da irresponsabilidade.

Minha vontade era dizer que, perto do horóscopo, a previsão de tempo até que não estava entre as piores coisas do jornal. Mas Luiz Mário se entrega às reflexões em voz alta.

— Pensar que o Denisário era considerado um gênio na faculdade de Geografia. Uma tese brilhante sobre a degradação do espaço urbano.

— Quem lida com o espaço não tem muita sorte com o tempo.

— Quem planta maconha no quintal devia pelo menos saber quando vai chover.

Denisário mora numa pequena chácara em Cotia. Onde, diz ele, o ar mais limpo favorece a observação meteorológica. Mas o cultivo de plantas alucinógenas talvez possa ser feito numa base mais intuitiva.

— Bem que ele andava preocupado com o efeito estufa...

— E sempre repetia que o vento favorecia a dispersão dos poluentes.

— Previa grandes queimadas na maior parte das áreas verdes do país...

— Bem, quem se queimou foi ele.

Luiz Mário respirou fundo.

— Voltaire... com a saída do Denisário... penso em fazer uma alteração na equipe.

Alteração na equipe. Essa é boa. E tinha nome próprio.

— Janaína.

— Exatamente.

Luiz Mário explicou seu plano megalomaníaco. Janaína acumularia as funções de horoscopista e mulher do tempo.

— Conto com a sua ajuda, Voltaire. O que acha da Janaína? Sinceramente?

— Tem grandes qualidades.

— Não é mesmo?

Luiz Mário se animava.

— Hoje em dia, previsão do tempo não é um bicho-de-sete-cabeças. Com a internet... com a TV a cabo...

— Claro.

— O coitado do Denisário... fazia a coisa de modo artesanal.

Artesanato meteorológico. Não deixa de ser uma coisa simpática. Luiz Mário continuava enrolando.

— Um Gepeto na civilização da informática. Um mestre Vitalino na era do Hubble. Ele estava na idade da pedra. Essa é que é a verdade.

Pelo menos sabia ler e escrever. Mas Luiz Mário estava em pleno elogio da modernidade e da globalização.

— A questão, hoje, é mais tratar a informação disponível via satélite numa linguagem de fácil acesso. Para o nosso leitor, claro.

Fiquei pensando porque o nosso leitor não liga direto a televisão em vez de procurar a previsão do tempo no jornal.

— Então, a Janaína pode perfeitamente pegar o material das agências.

— Pegar o material.

— E depois, qualquer dúvida de texto...

— Fala comigo. Sem problema. Pode deixar.

O ar aprazível da noite chegava através das janelas da redação. Um suave perfume de jasmim envolvia a cena onde, minutos antes, a cabeça aérea e intoxicada de Denisário rolara pelo chão. Janaína surgiu dentro de uma blusinha branca ainda ensopada de chuva.

— Nossa, geeente... fui comprar um Sonho de Valsa lá na esquina... e fiquei presa com o toró. Olha. Estou toda arrepiada agora.

No delicado antebraço da estagiária, minúsculos pêlos descoloridos pareciam dizer "oi, gente". Tocou o telefone.

— Voltaire. Viu a previsão do tempo?

— Péssima, Solange. Estradas intransitáveis. Engavetamento na Anchieta. Melhor ficar em São Paulo mesmo.

quinta-feira, 26 de janeiro

Chuvas. O aniversário de São Paulo não precisa de ninguém para assoprar velinha. O aguaceiro se encarrega de apagar todas as chamas. O fotógrafo Hermano entra na redação. Ensopado.

— Oi, Voltaire. Belas fotos de inundação. Quer ver?

Kombis flutuando na enxurrada. Casas destruídas. Barracos que viram gôndolas. Vagas sensações de culpa invadem meu coração ressecado por muitos anos de prática jornalística. Eu devia ter viajado para o litoral com a Solange. Eu devia ter feito uma visitinha ao Camargo no feriado. Eu tinha de ter ligado para a Débora no hospital. Eu devia...

Mas o Camargo mora no extremo sul da cidade. Como se diz em paulistês: muito além do Borba Gato. O velho bandeirante foi homenageado com uma estátua de cimento colossal. Recoberta de pastilhas. Onde era o ponto final de uma linha de bonde lá pelos lados de Santo Amaro. O povo bandeirante. Que explorou o país inteiro entrando sertão adentro. Em cima de canoas. No rio Tietê. Hoje as coisas mudaram. As pessoas em cima de Kombis. Mas o rio continua alagando.

Janaína me procura. Com um infame papelzinho na mão. A previsão do tempo? O horóscopo? Quem sabe os dois.

— Lê para mim, Voltaire?

— Pensei que você soubesse ler.

— Engraçadinho...

Um perfume de patchuli e jasmim sobe como vapor da floresta tropical de seus cabelos.

— Qual é a dúvida?

— Peguei a previsão do tempo num *site* americano. Será que está certo em português?

Na floresta, muitas chuvas: ecologia sob ameaça.

— Não pode ser. Você leu errado.
— Mas olha. Eles falam aqui direitinho. *Rain. Forest. Ecology. Under... trash.*
— Não é *trash*. *Trash* é lixo. Porcaria.
— Ah, então. Tem a ver com ecologia.
— *Rain forest*. Não é "chuva na floresta". É "floresta equatorial". Acho.

Gotas que não são de chuva umedecem os olhos verdes da selvagem aprendiz de jornalista.

— E não é *trash*. Ameaça é *threat*.
— Ai, Voltaire. Acho que eu não dou para jornalista.
— Dá sim. Pode ficar tranqüila. Deixa comigo.

Peguei o papelzinho. Depois cuido disso. Tenho de fazer novas crônicas. Meu cérebro precisa ser irrigado com um café bem forte.

O *office-boy* Kléberson faz hora junto à garrafa térmica. O rosto coberto de espinhas. Os olhos ardentes de desejo.

— Pô, Voltaire... você está com tudo, hein?

Tomo um gole em silêncio.

— Essa Janaína... não te larga...

O reprimido adolescente se lança a uma torrente de confidências.

— Estou louco por ela. Sonho com ela toda noite.
— Calma. Que entre o sonho e a realidade é um tombo e tanto.
— Por ela eu vou até o fim do mundo. Me jogo das cataratas do Iguaçu.

Fico em silêncio. A imagem de uma outra Solange emerge das brumas da memória. Lembro-me de nossa lua-de-mel. Em Foz do Iguaçu. O casamento era apenas

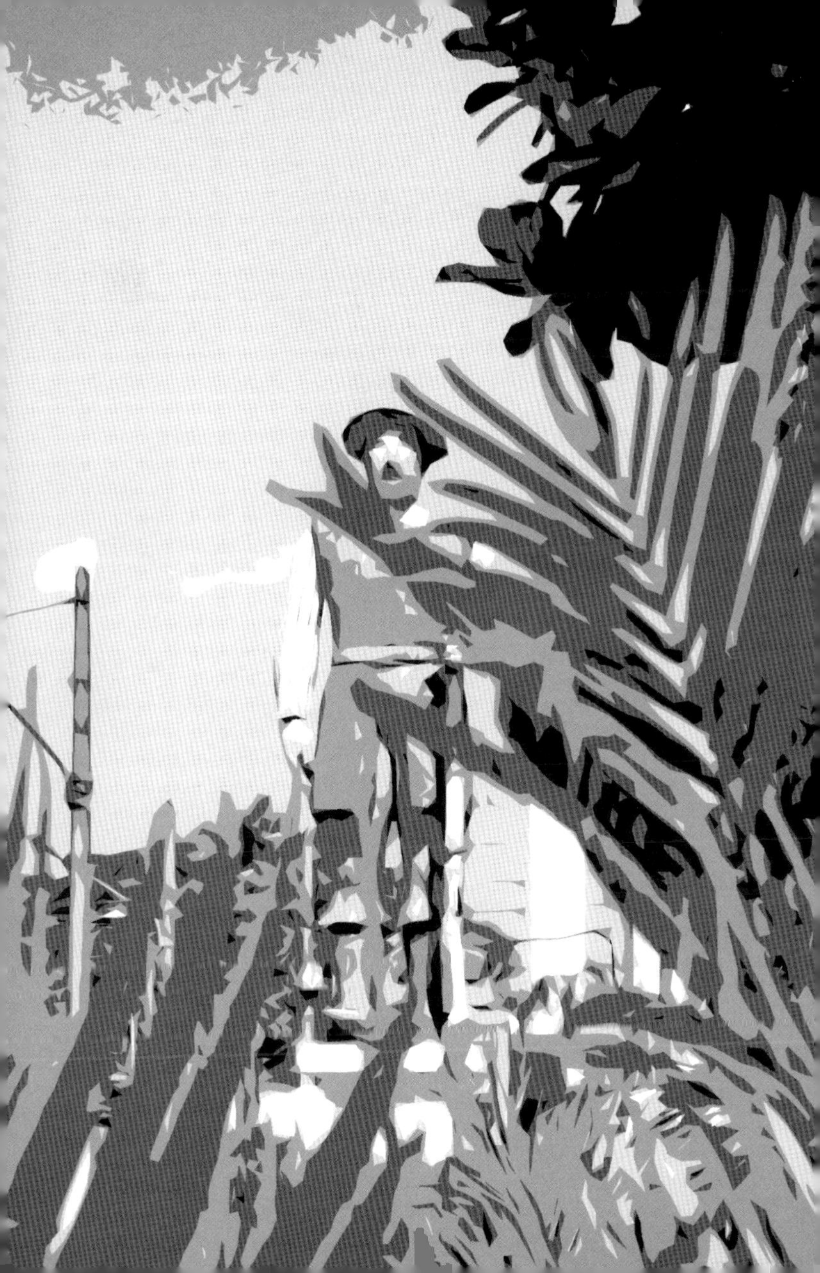

um límpido regato. Com a pureza da juventude. Algumas histórias surgem em minha mente.

Alagamentos. São Paulo. Borba Gato. Foz do Iguaçu. Vamos nessa.

CURTA VIAGEM

A classe média aperta o cinto.
Mariane e Jairo tinham acabado de se casar.
A idéia era passar a lua-de-mel em Foz do Iguaçu.
— Nossa, Jairo... vai ser tão romântico...
— Só eu e você, benzinho...
Mas logo os dois caíram na real. Grana curta.
Jairo fez cara séria.
— Mariane. Sabe a viagem? Vai ter de adiar. Para julho.
Mariane fez bico.
Nuvens cinzentas cercaram aquele pequeno apartamento na zona Norte.
Jairo foi dar um tempo na padaria. Um sorvete. É verão.
Caiu um aguaceiro. Jairo foi atravessar a rua. Enxurrada forte.
Da janela do apartamento, Mariane ouviu o grito do marido.
— Mariane. Olha a cachoeira. Faz de conta que estamos em Foz.
Jairo foi sendo arrastado pelas águas. Mariane foi atrás.
Os dois só foram encontrados alguns dias depois.
Afogados. Num mesmo abraço de amor.
Paixões extremas dispensam cartão-postal.

Uma repetição desagradável: "Jairo *foi* sendo arrastado pelas águas. Mariane *foi* atrás". Melhor assim:

Jairo viu-se arrastado pelas águas. Mariane foi atrás.

São Paulo. Santo Amaro. O Borba Gato. Minha pouca vontade de visitar o Camargo. Misturar com bastante água de chuva.

CICLO DAS ÁGUAS

Com a chuva, aumenta o sofrimento do corajoso povo paulistano.
Elpídio descendia dos primeiros povoadores de Piratininga.
— Nossa pura raça bandeirante. Formada nas margens do Tietê.
No congestionamento, ele mantinha a calma.
— Trânsito. Sinal da grandeza de São Paulo.
A chuva da tarde começou.
Dentro do seu Del Rey 88, ele sentia orgulho.
— Terra abençoada. Longe daquela desgraça do Nordeste. A seca.
A enxurrada foi ficando forte. Elpídio já não enxergava nada.
O Del Rey começou a boiar. Veio o medo. O pânico. O pavor.
— Alguém me ajude.
Um raio violento. Uma visão.
Diante de Elpídio, apareceu a estátua de Borba Gato.
— Vem, meu neto. Sobe no meu ombro. Que eu te tiro daqui.
Elpídio entregou-se à impressionante figura de pedra.
Só depois de muita busca seu corpo foi encontrado num barranco.
Afogado. Mas com um sorriso nos lábios. De puro orgulho bandeirante.
Um rio sempre busca as origens quando se aproxima da foz.

E agora uma homenagem aos sonhos do *office-boy* Kléberson.

FANTASIA NOTURNA

A adolescência não é uma idade muito fácil.
Jamil era um garoto tímido. Reservado. Sem amor.
— Preciso de mulher... eu preciso... eu preciso...
Suas noites eram regadas a insônia e fantasia.
Ele possuía várias revistas eróticas debaixo do colchão. Uma era especial.
— A Garota da Calcinha Molhada... a Garota da Calcinha Molhada...
Adormeceu pensando na beldade morena.
No meio da noite, deliciosas sensações invadiram seu corpo. Jamil parecia mergulhar num oceano de calcinhas.
Suaves texturas de lycra *molhada acariciavam sua face.*
O rapaz sentiu que tocava uma coisa macia, redonda e firme. Como um seio siliconado.
Sua boca encostava no que parecia ser uma bela cabeleira tipo samambaia.
A sensação de umidade era completa. Jamil abriu os olhos.
Chove muito em São Paulo. O quartinho do rapaz estava inundado.
Vasos de samabaia, travesseiros e roupas íntimas de um depósito vizinho boiavam em meio à lama e à enxurrada.
Ainda pedindo amor à Garota da Calcinha, Jamil desapareceu na correnteza.
Os sonhos flutuam na noite. Mas o corpo termina afundando.

quinta-feira, 2 de fevereiro

Finalmente fomos visitar o Camargo. Longa viagem da Barra Funda até o cafundó de Santo Amaro. Ele nos recebe bem disposto. Faço um esforço de simpatia.

— E aí, cunhado.

Ele me dirige um olhar confidencial.

— Precisamos conversar direito.

Claro, a dívida com o hospital. Com os médicos. Que ele não vai pagar nunca. Acompanho seu corpo obeso até o *living*. Camargo desaba sobre uma poltrona de couro estofado. As solas grená do tênis novo dele se arrojam para o alto. Fazendo uma saudação à luminária de acrílico que parece a tampa de uma queijeira pendurada no teto. O tênis está tão novo quanto no dia em que o comprei no *shopping center*.

— Então, Camargo? Muito exercício...?

Ele sorri olhando para baixo.

— Com essa chuva...

— O vendedor me garantiu que o solado é antiderrapante.

Solange bufa devagar e bem fininho.

— Voltaire...

A filha de Camargo aparece de camiseta sem nada por baixo. Estava indo direto para a cozinha atrás de água, refrigerante ou coisa pior. Camargo intercepta o movimento egoísta da adolescente.

— Vem cá, Daiane. Vem cumprimentar a tia Solange e o Voltaire.

Ela se virou devagar. Olhou para mim com um arzinho que eu conheço bem. É quando o adolescente quer mostrar para os adultos que já não acredita nas lorotas que lhe contam. Do tipo "você ainda pensa que sabe mais do que eu, mas eu sei de muito mais do que você. Inclusive sei que você não sabe tudo o que você diz que sabe, e você não sabe que eu sei muito mais coisas do que eu digo que sei." Nada que um corte na mesada não recoloque no devido lugar. Mas aparentemente Daiane anda sabendo de umas coisas.

— Oi... *titio* Voltaire.

Só o tom desse *titio* já merecia um pé-de-ouvido cientificamente aplicado. De modo a extrair um ou dois *piercings* do lóbulo da orelha esquerda.

— Oi, Daiane.

— Nossa, Daiaaaane... como você está linda. Parece uma modelo.

Solange não se contém diante da anorexia alheia. Não se conteve, tampouco, diante das torradinhas com pasta de alho servidas pelo repulsivo Camargo. Dizem que alho faz bem à saúde. Prefiro a anorexia. Daiane se aproxima.

— Sabe que tem uma colega minha que trabalha no teu jornal?

Ela cavoca o interior de sua bochecha com a lingüinha afiada há pouco tempo.

— A Janaína, eu sei.

Camargo engole torradinhas.

— Ela disse que você ensina muita coisa para ela.

— Não ensino tanto quanto deveria.

Nesse momento a burrice de uma adolescente é também uma forma de inteligência.

— Não entendi bem, Voltaire... quer dizer... *titio* Voltaire.

Da boca de Camargo saem migalhas e raciocínios em todas as direções.

— Haha... os adolescentes... sempre acham que entendem de tudo... haha.

Solange é que não está entendendo nada. Mas naquele momento ela teve de atender o celular.

— Como assim? Mas o cheque não era pré-datado?

Algum rolo no banco. Ela continua a conversa na cozinha. Os olhos de Camargo se voltam para mim como duas lanternas de Scania Vabis no nevoeiro.

SÃO PAULO FASHION WEEK

FOTOGRAFOS

— Era disso que eu precisava falar com você, Voltaire.

Tento ser sutil.

— De algum cheque?

— Da Janaína, pô.

Daiane mexe com um fiapo de cabelo azul celeste que nasce revirado da nuca.

— Titio... a Janaína disse que você...

— Eu o quê?

Camargo treme a papada de advogado frustrado.

— Assédio sexual hoje em dia é coisa séria, Voltaire.

Daiane mete a colherzinha.

— E é quase pedofilia. Ela faz dezenove no mês que vem.

Solange acabou de desligar o celular. Minha resposta é calma. Objetiva. Imparcial. Menciono um único fato.

— A Janaína está namorando o chefe da redação. O Luiz Mário.

Daiane muda de assunto com a habilidade de uma modelo dando meia-volta na passarela.

— Titio. Lá na redação vocês não conseguem um ingresso para a *Fashion Week*?

São Paulo *Fashion Week*. Grande agito da moda. Tenho de fazer uma coluna sobre o assunto.

Solange interrompe a negociação.

— Eu também quero, Voltaire.

Prometo que arranjo.

— Bom... tenho de ir embora... dia de batente.

— Batente? Ai, titio... vocês têm umas gírias tão engraçadas...

Na hora do beijo da despedida, Daiane inocula em meus ouvidos uma última perfídia.

— Não sabe que o Luiz Mário é *gay*?

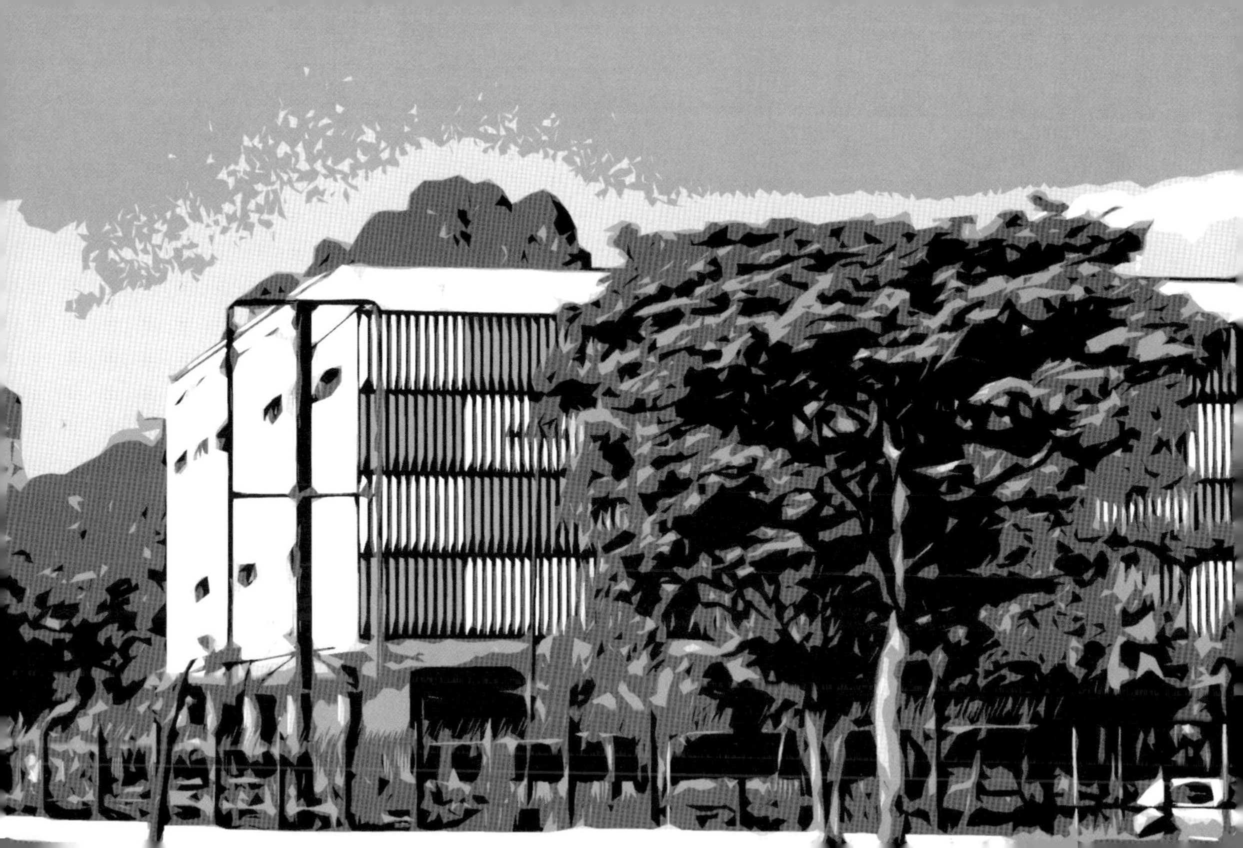

Aqueles ataques de fúria descontrolada diante de toda a redação. A presença sempre disponível do *office-boy* Kléberson. Rapaz bastante inconvincente, aliás, naquela sua fixação por Janaína. Mas e a cena na escadaria de serviço? Os amassos de Luiz Mário e Janaína na festa de fim de ano?

A porta do sobradinho em Santo Amaro se abre para a vastidão incompreensível do mundo.

sexta-feira, 3 de fevereiro

Tempo de pensar menos. De trabalhar mais. Uma história sobre a *Fashion Week*.

MODELO BÁSICO

Verão forte na cidade.
Enquanto isso, no mundo da moda, as atenções se voltam para o futuro.
Os looks do outono-inverno fazem furor na Fashion Week.
Eduarda assistia aos desfiles pela TV.
Uma mulher moderna. Antenada. Ligadíssima nas tendências do momento.
— Olha que lindo esse casaco.
O marido se chamava Carlos e estava só de sunga. Mexendo no computador.
— Não sei como você agüenta. Nesse calor.
— Cala a boca, Carlos. Vão entrevistar a Juju.
Juju Santoro. A modelo-sensação da temporada falava para as câmeras.
— Ah, sei lá... entêindje? Eu âãimo essa tendêincia bêisika.
Carlos se dirigiu até o aparelho televisor.
A minissaia de couro e as botas altas impressionaram seu cérebro masculino.
Eduarda olhou para a sunga do marido.
— Hum. Você está ficando antenado, Carlinhos?
O termômetro do amor logo chegou no ponto de fervura.
Com direito à ducha depois de o modelito desfilar na passarela.
As tendências mudam muito. Mas o básico nunca sai de moda.

Luiz Mário me cumprimenta pelo texto.

— Ficou ótimo, Voltaire.

Agarra meu antebraço.

— Acho que você precisa se modernizar, Voltaire. Falar do contemporâneo, sabe.

É uma boa deixa para eu pedir ingressos para a *Fashion Week*. Mas minha resposta vai no sentido oposto.

— Acho que a gente não pode deixar de falar da questão social.

— Claro, Voltaire. Sem dúvida. Olha... estive pensando...

Ele respira fundo.

— Ganhei uns ingressos para a *Fashion Week*. Sabe, a Janaína adora.

— Ah. Não sabia.

— Só que eu não su-por-to.

— Ah. Não sabia.

— Pensei que vocês poderiam ir juntos. Para o jornal seria muito bom.

O plano de Luiz Mário tinha fundamentação jornalística.

— Estamos precisando de uma editora de moda.

— Janaína.

— Sim. E você, ao mesmo tempo... acho que poderia ganhar familiaridade com o que rola na cabeça do leitor...

O que rola na cabeça do leitor é o que sempre rolou. Sangue. Hormônios. Paixões.

— Modernidade. Tendência. Celebridades.

— Tem ingresso sobrando?

— Por quê?

— Minha esposa estaria interessada.... e a sobrinha dela...

Luiz Mário me olha como se eu fosse um idiota.

— Admiro muito você, Voltaire. De verdade.

segunda-feira, 6 de fevereiro

Eis-me aqui, Voltaire de Souza, diante do espelho. A estatura entre baixa e mediana. O físico ainda rijo, apesar de levemente curvado pelos anos. O rosto vincado pela experiência. A boca seca, num corte reto. Os lábios sem doçura, porém leais. O nariz denotando certa personalidade inquisitiva. Preciso tirar alguns pelinhos. A fronte larga, não destituída de nobreza. Nos cabelos de prata, o indispensável Gel Fixador Juvena. Uma vez me convidaram até para fazer um anúncio. O publicitário baiano Lourival Colódio dava seus primeiros passos numa carreira bem-sucedida.

— É para uma revista?
— É.
— Qual?
— "Vigor Grisalho".

Bati o telefone na cara do picareta.

Meus olhos se perdem na contemplação do passado. Solange entra no *closet* da suíte.

— Camisa de voal, Voltaire?
— O que é que tem? Você que me deu.
— No nosso primeiro aniversário de namoro, meu bem.

O tecido se mostrou mais durável do que muitos amores humanos. Solange continua.

— Não me diga que você vai na *Fashion Week* desse jeito.

Pois é. Preparo-me para a *Fashion Week*. Solange usa calça boca-de-sino com sandália salto 7.

— Boca-de-sino não está fora de moda também?
— Você não entende nada, Voltaire.

O horário do desfile se aproxima. Na sala de nosso apartamento, Daiane masca chiclete. Sua minissaia tem o tamanho do papelzinho que embrulha o produto. Quando ela ficar cansada de mascar, já sabe onde guardar. As pernas são dois palitos de *sushi* metidos num Bamba cano alto.

— Não é Bamba, *titio* Voltaire. É All Star. "Todas as estrelas", sabe?

Estrela é o que ela vai ver logo. Quando eu encestar uma moqueta tamanho 45 no bico dessa aprendiz de urubu subnutrido.

No grande pavilhão da *Fashion Week*, urubus subnutridos são um elemento mais ou menos banal da fauna ambiente. Macacos de circo depilados usam jaquetas militares. O famoso crítico de moda Ugo Manizales dá entrevistas. Solange não pára de me cutucar.

— O Ugo Manizales. O Ugo Manizales.

Esse vai ser personagem de uma história minha.

Fashion Week. *Ferveção. Tendências bizarras na passarela paulistana.*
O famoso crítico Ugo Manizales dava entrevistas.
— Nada se cria, tudo se copia.
Diante de belas modelos, o exigente jornalista abria bocejos de jacaré.
Súbito, um agito. Cotoveladas. Empurrões.
A dona de casa Celeste dos Santos gritava enlouquecida.
— Ugo! Ugo!
Tentou agarrar o influente árbitro do corte e da costura.
— Fomos colegas no Ginásio Professor Elmerico Pintassilgo...
Ugo não reconhecia a sua admiradora.
— Turma de 1957... não se lembra?
Ugo moveu levemente as sobrancelhas injetadas de botox.
— Não tinha nem nascido nessa época.

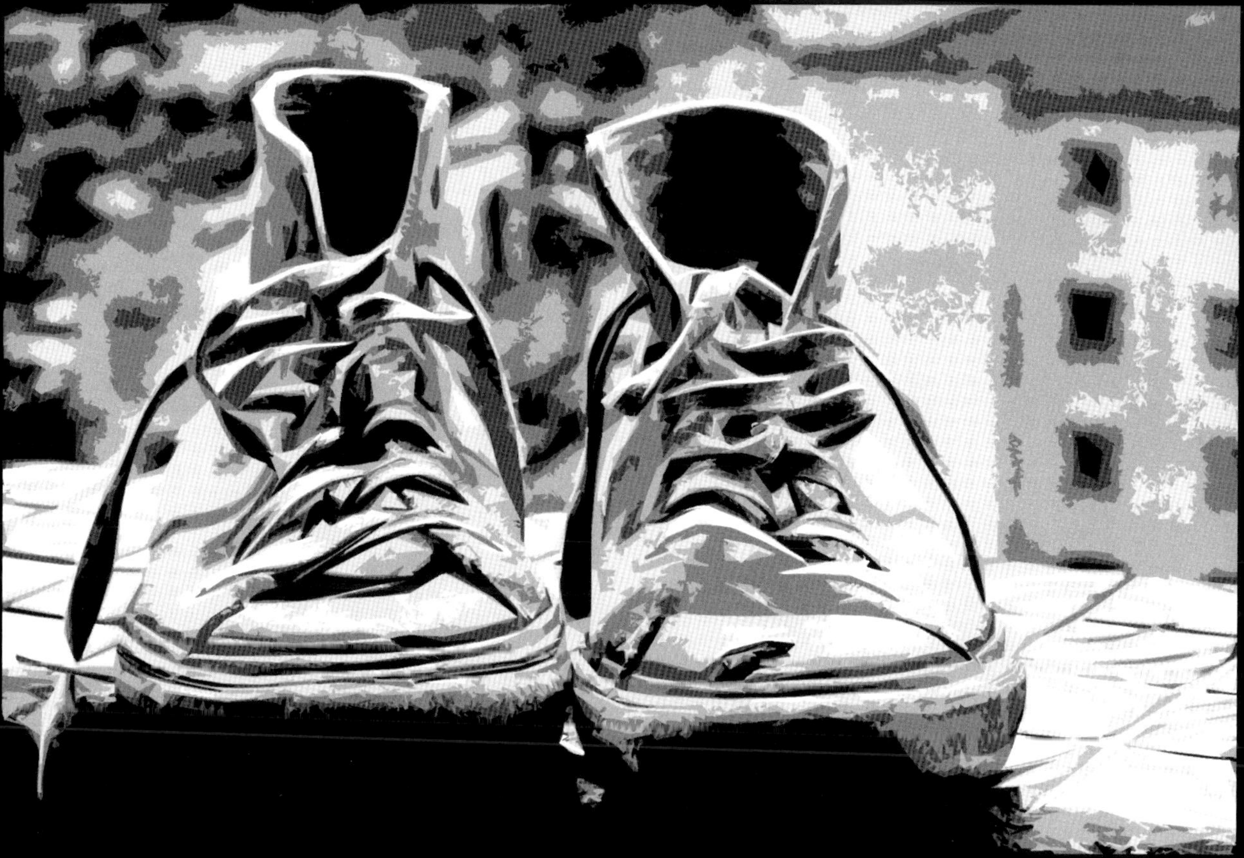

Um leve turvar de lágrimas passou pelos olhos de dona Celeste.
— Ugo... Ugo... meu primeiro amor.
Um gesto seco de Ugo fez o segurança Renatão afastar de cena a romântica senhora. Depois, veio a conversa séria.
— Você gostava dela, Ugo?
— É que eu ainda não conhecia você, Renatão.
O tabefe do segurança exigiu nove pontos no rosto de Ugo.
Que aproveitou para fazer uma plástica.
— Corte e costura é comigo mesmo...
As tendências e os costumes mudam. Mas o ciúme não passa de moda.

Por falar em cortes. Luiz Mário não pára de reclamar.
— As histórias estão muito longas, Voltaire. O leitor não tem tempo. Não tem paciência.
— Tudo bem, Luiz Mário. Dou um jeito.

Fashion Week. *Ferveção. Tendências bizarras na passarela paulistana.*
O famoso crítico Ugo Manizales dava entrevistas.
— No mundo da moda, nada se cria, tudo se transforma.
Súbito, um agito. Cotoveladas. Empurrões.
A dona-de-casa Celeste dos Santos gritava enlouquecida.
— Ugo! Ugo!
Tentou agarrar o influente árbitro do corte e da costura.
— Fomos colegas no Ginásio Professor Elmerico Pintassilgo...
Ugo não reconhecia a sua admiradora.
— Turma de 1957... não se lembra?
Ugo moveu levemente as sobrancelhas injetadas de botox.
— Não tinha nem nascido nessa época.

Um toque de lágrimas turvou o rosto da dona de casa.
— Mentiroso... hipócrita. Logo você... meu primeiro amor.
O tabefe de Ugo abriu nove pontos no rosto da dona de casa.
Que aproveitou para fazer uma plástica completa.
As tristezas da vida têm muito a beneficiar-se com o mundo da moda.
Tudo o que se cria pode ser rapidamente transformado.

Título?

LEIS DA NATUREZA.

Tudo se transforma, com efeito. No meio da multidão, um rapazinho agitado faz acenos para mim. É um de nossos fotógrafos. O Hermano. Custo a reconhecê-lo. A calça de tergal com vinco e a camisa social branca foram subitamente relegadas ao passado. O rapaz capricha. Investe em si mesmo. Descobre sua suposta beleza corporal. A camiseta regata canelada. Uma espécie de bombacha curta em tons militares. A sandália havaiana marrom com apliques de plástico nas tiras. Olho melhor: são microscópicas formigas decorativas.
— Hermano. O que aconteceu?
— Oi, Voltaire. Fiquei *fashion*.
— Pensei que era alguma outra coisa.
Ele não me ouve. Uma onda de comoção toma conta do ambiente.
— A Juju. A Juju.
A *top model* Juju Santoro acaba de chegar. *Flashes* espoucam. Sorrisos se fazem e desfazem. Ela está de mãos dadas com dois meninos de rua.
— Ôi, gêintji. Eisse é o Rudinei e eisse é o Rudinalvo. Trouxe êiles para me vêirem desfilar.

Os dois garotos devem ter uns nove anos. Olham para tudo sem entender nada. Restos de meleca verde cristalizada ornamentam as narinas de Rudinei. Ou será de Rudinalvo?

O segurança Tarsilo acompanha a cena desconfiado. O *walkie-talkie* na altura do queixo.

— Positivo. Vou repassar o informe.

Ele se aproxima com decisão de Juju e da dupla carente.

— Os meninos estão sem crachá.

Juju faz um bico de excepcional charme e mimosidade.

— Eu náumacriditchu.

Hermano tira fotos sem parar. É fundamental, num bom repórter fotográfico, o faro para um bom sururu.

Tarsilo também está imbuído de sua missão.

— Esses dois aí. Já fizeram muito assalto na região.

Ao meu lado, Solange tem um acesso igualitário.

— É preconceito. Preconceito desse policial.

— A senhora, por favor, não se meta onde não é da sua conta.

— Não se meta onde não é da sua conta, Solange.

Ela já se aproximou de Juju Santoro. Com a caneta na mão. Juju sorri de modo faiscante. Prepara-se para dar o autógrafo. Rudinei e Rudinalvo se aproveitam da distração de Juju e fogem rapidamente no meio da multidão. A trama de uma história se costura rapidamente a partir desse episódio.

Fashion Week. *O mundo da moda se agita novamente.*
O ideal de magreza é, sem dúvida, a tendência para este verão.
Belas modelos mostravam o esqueleto para os flashes dos fotógrafos.
As luzes negras da passarela assumiam um aspecto de raio X.
Do lado de fora, o guardador de carros Morrisson experimentava sentimentos de revolta.

É que o estilista Kuko Jimenez tinha estacionado sem autorização.
— Como esse cara tem coragem? Saiu sem deixar a caixinha adiantado.
Morrisson aproveitou a distração dos seguranças.
E entrou com fúria naquele ambiente exclusivo e selecionado.
— Minha caixinha. Minha caixinha, pô.
Naquele momento, o desfile de Kuko Jimenez tinha seu desfecho triunfal.
Morrisson entrou na passarela.
Sua bermuda rasgada e o corpo de adolescente faminto chamaram a atenção da platéia.
Aplausos frenéticos saudaram a aparição do menor carente.
O beijo de Kuko foi na boca.
Morrisson já não pede caixinha. Nem trabalha guardando carros.
É top model *na nova grife de* street wear *criada por Kuko.*
A Boy in the Box. *Bermudas com jeito de cueca. E camisetas de flanela com cara de pano de estopa. Kuko explica.*
— No despojamento está o futuro do estilo brazuca.
Na moda, como na vida social, o menos pode significar mais.

O título fica meio óbvio, mas aqui vai.

MENOS É MAIS

Poderia ser também:

ESTILO BRAZUCA

Luiz Mário vai reclamar um pouco.

— Menos, Voltaire. Menos.

Ele quer sempre histórias mais curtas. Mas crônica não é minissaia. E quem nasceu no tempo da cueca samba-canção não se adapta a sungas tipo fio dental.

Penso em outra história enquanto olho para os meus mocassins de bico largo. Nunca tive tempo nem interesse para me adaptar aos ditames da moda. Em meio àquela massa de gente jovem, sinto-me deslocado. Modernizar-se? Nada mais ridículo. Aqui vai.

MODA PUNK

Manter-se jovem é desejo de todos.
Camilo procurava se manter na moda.
A barriga. O começo de calvície. A crise dos trinta anos.
— Qual é, bicho?
Ele passeava pela Galeria do Rock.
O lugar onde a moçada do punk se encontra para saber das novidades.
Camilo tinha objetivos claros de consumo.
— Quanto é aquele cinto tacheado?
Tachinhas de metal são indispensáveis para quem busca um visual moderno.
Nas botas. Na jaqueta de couro. Na orelha.
Ele analisava preços. Fazia comparações. Admirava-se no espelho.
— Jovem. Sempre jovem.
Na hora de pagar, viu que tinha esquecido o dinheiro.
O caixa eletrônico ficava ali do lado. Camilo não reparou no bando do assaltante Covinha. Quinze anos. E uma submetralhadora nas mãos.
Camilo quis fugir. A rajada veio de alto a baixo.
Mais de trinta tachinhas de chumbo cobrem agora o seu corpo imóvel.
Antes de manter-se jovem, o melhor é manter-se vivo.

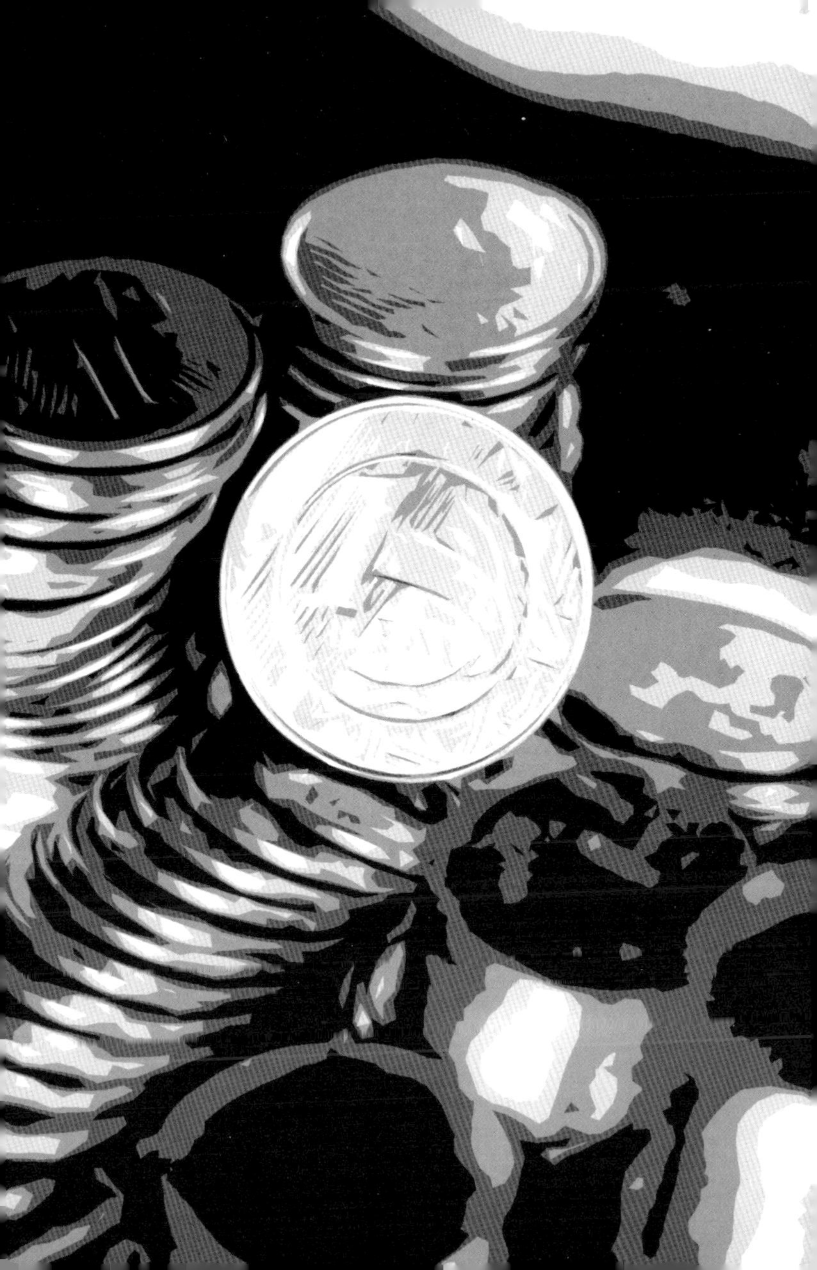

Volto à realidade. Perdi Solange de vista. Daiane puxa conversa com Hermano. De onde será que eles se conhecem? Claro, a Janaína. Essa nova geração de jornalistas não sai dos barzinhos da moda. E Daiane aproveita para fazer seu trabalho investigativo. Com certeza quer saber das últimas do Luiz Mário. Da Janaína. Do Kléberson. De mim.

Procuro Solange no meio da multidão de modetes e basbaques. Um braço esguio e moreno acena para mim. É Janaína.

— Voltaaaire... você está o maior charme nessa moda vintage.

Moda vintage. Deve ser algum tipo de gozação. Ela me abraça. Hermano clica o seu equipamento digital. Clica de novo. Mais uma foto. Solange finalmente aparece.

— Voltaire.

Olha para Janaína.

— Ah.

— Olha, Solange, essa é a Janaína.

— Ah.

— Amiga da Daiane.

— Ah. Está procurando a Daiane?

— Não, por que, dona Solange?

— Ah.

Daiane, bem ali do lado, dá um risinho.

— Estou aqui mesmo, tia Solange. Você que não me viu. Estava conversando com o *titio* e com o Hermano. Ele é fotógrafo do jornal, sabe?

Não precisava explicar, é claro. Hermano carrega dez quilos de equipamento fotográfico em cada bracinho tatuado. E muita vontade de retratar a realidade no seu cérebro de pardal irrequieto. Missão cumprida. O desfile já terminou.

— Vamos embora. Chega desse absurdo.

quinta-feira, 9 de fevereiro

O tempo passa. A *Fashion Week* se foi. Janaína é a nova crítica de moda do jornal. Veio me mostrar um texto sobre o desfile de Kuko Jimenez.

Arrasante. A palavra inusitada ganhou cidadania imediata no vocabulário do mundinho fashion *assim que a primeira peraltice de Kuko Jimenez — uma cuequinha cítrica, de seda desfiadíssima, vivida com rigor selvagem pelo Cauã Guimarães — entrou na passarela como uma brisa de verão. Arrasante: a palavra ia sendo cochichada pelos eleitos da primeira fila — o casal Solange e Voltaire de Souza, o secretário da Promoção Social Everardo Piccarolo, a musa de todas as novelas Maria Augusta Cardim... quem mais? Nossa, nem dá para anotar o nome das celebridades porque um outro delírio de Kuko Jimenez já está passando na minha frente... É uma microssaia de renda? Não. Só os pobres de espírito poderiam designar de forma tão banal a teiazinha de aranha orvalhada que nosso duende do* prêt-à-porter *conseguiu urdir em torno da impossivelmente esbelta Juju Santoro. Sabe meia tipo arrastão? Não tem nada a ver. Não era arrastão. Era a-rra-sante.*

Etc. etc. Li e reli o texto. Tinha umas cinco páginas no total. E nenhum erro de português. Nenhuma cretinice, exceto a que precisava ter nesse tipo de matéria. Espantoso. Arrasante. Olhei para Janaína.

— Olha, não entendo nada disso. Mas está ótimo. Excelente, Janaína.

Ela deu um sorriso malicioso. Havia músicas secretas em cada movimento de seu rosto incomparável.

— Só porque eu falei de você, né, Voltaire...

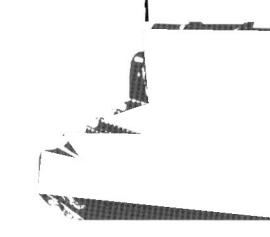

— Melhor tirar essa parte.
— Mas a Solange vai adorar.
— Isso é verdade.

Bom que ela adore mesmo. Não anda no melhor dos humores desde que fomos ver a *Fashion Week*. Cenas de ciúme. Desconfiança. Alimentadas pela imaginação perversa de Daiane. O pior foi quando chegaram em casa as fotos tiradas pelo Hermano. Solange abriu o envelope lacrado. E picou em pedacinhos o registro de Janaína sorrindo ao lado deste veterano homem da imprensa. Que estava apenas cumprindo seu dever profissional.

Inveja, ciúme, ressentimento, mágoa... O coração de uma mulher não tem mistérios.

Mas o cérebro, sim. Como é que Janaína tinha conseguido produzir um texto sem barbaridades de ortografia? Sem inadequações de vocabulário? Sem violências à sintaxe e à sensatez? A explicação não era das mais difíceis.

— Luiz Mário. Ele te ajudou?

Os olhos verdes de Janaína piscaram como semáforos em pane.

— Ai, Voltaire... você é tão inteligente.

Sempre se é inteligente quando a burrice desaparece de uma hora para outra.

Muito bem. Tempo de trabalhar. Outros assuntos tomam conta da opinião pública. O momento, parece, é de certo otimismo. O motivo não é dos mais inteligentes. Mas vamos lá.

A televisão exibe uma minissérie sobre a vida de Juscelino Kubitschek. O presidente que ensinou o país a sorrir. Que construiu Brasília. Capital da bandalheira aerodinâmica. Luiz Mário me pede uma reflexão sobre o assunto.

BANHO DE ÁGUA FRIA

Charme. Estilo. Desenvolvimento.
O governo JK deixou muitas saudades.

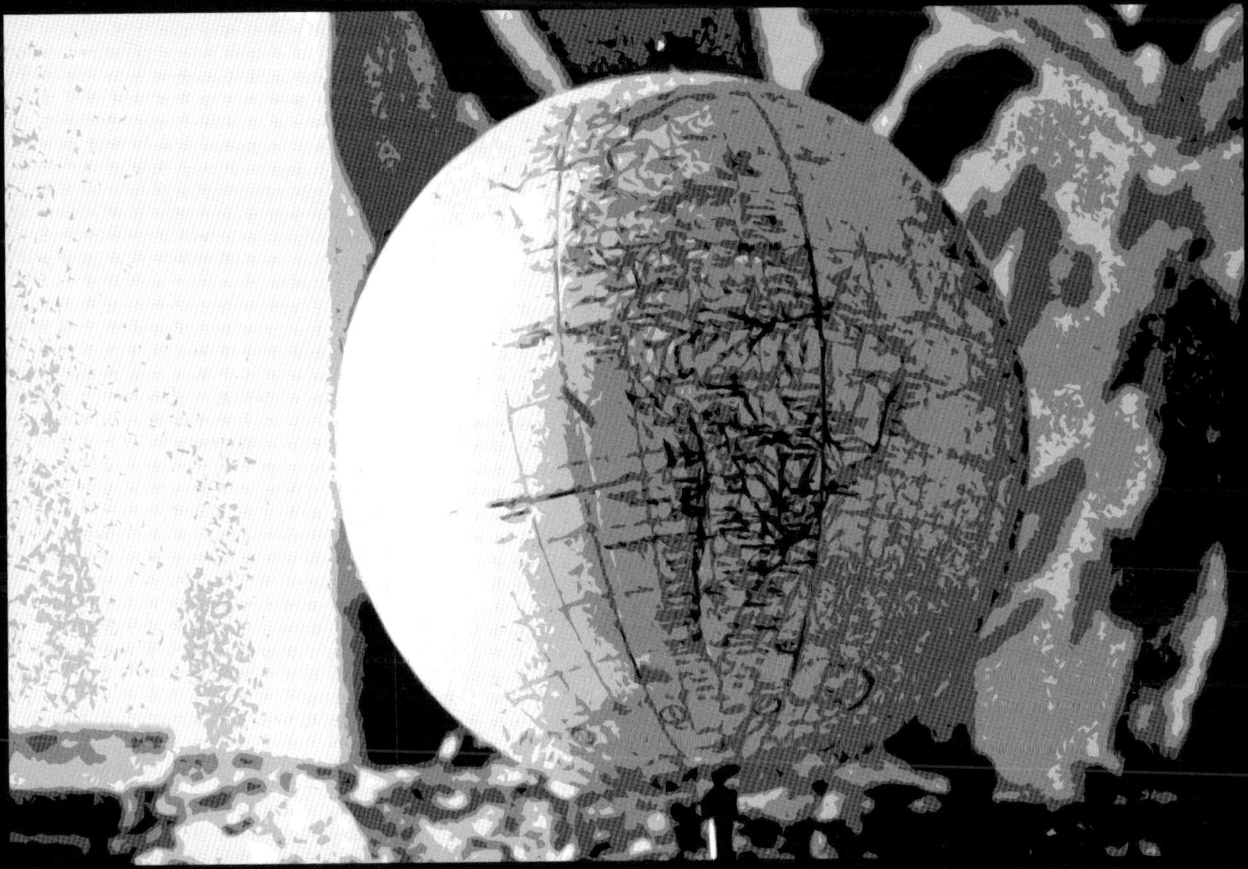

O dr. Clésio desligou a televisão.
— Construir Brasília... para dar nisso aí.
Mar de lama. Muita gente falando. Pouca gente trabalhando.
Ele fechou os olhos. Imagens do passado vieram à sua mente.
— A Marta Rocha... a Carmen Verônica... docinhos de coco.
Clésio tocou de leve na sua cueca samba-canção.
— Como pode o peixe vivo...
O coração cansado do velho comerciante começou a bater mais forte.
— Viver fora da água fria...
Lá fora, relâmpagos. Trovões. Uma súbita visão.
Juscelino aparecia montado numa espécie de trator espacial.
— Cléésio... mãos à obra! Mãos à obra!
Uma lufada de ar. Janelas abertas. Chuva torrencial.
A água inundou rapidamente a casa de Clésio.
A pneumonia dupla terminou para sempre com os sonhos do septuagenário.
O destino é uma enxurrada. Leva embora o peixe e o pescador.

Janaína lê a coluna por trás de mim. Ouço o leve mascar de um chiclete tutti-frutti em sua boquinha sensual.

— Nhoc, nhoc... que pessimismo, Voltaire.
— O país vai mal, Janaína.
— Ah, não sei... senti pena do peixinho.
— Que é que tem o peixinho?
— Tão sozinho, fora da água fria...
— Ninguém nada duas vezes no mesmo rio, Janaína.
— Mas se for um peixe... então ele nunca saiu de lá.
— Por isso mesmo. Não precisa ter pena do peixe. Ele nunca ficou fora da água fria.
— Ai, Voltaire... você raciocina de um jeito tão estranho...

terça-feira, 14 de fevereiro

Luiz Mário me chama para uma conversa particular. Na sua sala envidraçada, exibe um ar de preocupação.

— Decidimos ter uma nova coluna no jornal, Voltaire.

— Certo.

— Sabe, o jornal precisa se modernizar...

Ele olhava através do vidro para as mesas da redação.

— Está tudo muito antigo por aqui. Então pensei...

Tirou do rosto os estranhos óculos de armação grafite.

— Uma coluna *fashion*... comentários de moda... tendências...

— Janaína?

— Ela e o Hermano. Texto e fotos. Muitas fotos.

— Pouco texto.

— Exatamente. O leitor, hoje, tem uma cultura muito visual.

A bomba ainda estava por vir.

— De modo que nós teríamos de repensar a diagramação do jornal...

Janaina entrava pela redação usando uma calça branca extremamente apertada. Não houve jornalista, naquele momento, que não prendesse a respiração. Luiz Mário continuou.

— As suas colunas, Voltaire, precisariam reduzir-se um pouco.

Bem que eu tinha dado para o Luiz Mário uma lente de aumento.

— Compreendo. Quantas linhas?

— Nada está decidido por enquanto... continue escrevendo do seu jeito... sintético... elegante...

Voltei ao meu posto de trabalho.

Como eu estava dizendo, o noticiário procura nestes dias novas razões para alegrar o povo. Otimismo, sempre. O sorriso agora tem novo nome. Marcos Pontes. O astronauta. Lancei ao ar duas histórias sobre o personagem.

TÃO LONGE, TÃO PERTO

Vem aí o primeiro astronauta brasileiro.
Leucino acompanhava o noticiário pela TV.
Seu coração se enchia de entusiasmo canarinho.
Na salinha daquele apartamento na Cohab, logo surgiram reclamações.
A mulher e a sogra de Leucino queriam ver novela.
As cinco crianças faziam birra. Queriam desenho animado.
A raiva tomava conta de Leucino.
— Ninguém se interessa pelo astronauta?
O irmão mais moço de Leucino se chamava Ari. Entrou com dois amigos.
— Trouxemos uma fita de funk*. Vamos desligando essa joça.*
O clima era de calor e descontentamento.
Leucino teve uma crise de nervos.
— Fora daqui. Todo mundo. Fora daqui.
Começou a distribuir sopapos a esmo. Um dos amigos de Ari estava armado.
Com dois tiros entre as vértebras, Leucino delira na UTI.
— Carandiru... Carandiru... será que tem lugar para mais um?
Viagens interplanetárias são importantes.
Mas na cidade grande também é preciso lutar pela conquista do espaço.

Acoplei, com velocidade de míssil, outra crônica sobre o assunto.

se lembra mesmo

ARCADINA – Não (Colita a aludia
TRIPLEV – Havia duas bailarinas que
 Elas vinham tomar café co... você

Crises. Pessimismo. Mágoa. Ressentimento.
Mas, por vezes, o orgulho canarinho toma conta da população.
Vem aí o primeiro astronauta brasileiro.

— Verdade, Voltaire?

Era Janaína. Espremendo-se às minhas costas com meneios de serpente. Sinto sua respiração ansiosa e acelerada.

— Verdade. O sujeito existe. Marcos Pontes. Está se preparando para entrar em órbita.

O telefone toca. Janaína se afasta.

— Xi, deve ser a Solange, né, Voltaire?

Não é Solange. Presto atenção no fiozinho de voz.

— Voltaaaire...

É a Débora. Nossa astróloga titular. Parece que se recupera finalmente das facadas na garganta.

— Preciiso falaaar com vocêê...

Será que ela ainda está no hospital? Vou teclando a história enquanto ela tenta se comunicar.

Era grande o entusiasmo na alma de Climério.

— Saí do hospital anteontem... Tentei procurar o Castrucci.

Ele estava saindo de um bem-sucedido tratamento para o alcoolismo.
— *Mas um astronauta brasileiro... isso merece um brinde.*

— Por que ele não quer falar comigo, Voltaire?

— Parece que o Castrucci não anda bem, Débora.
— Mas ele não te contou alguma coisa?

Dizem que tomar champanhe é como beber estrelas.

— Nada que eu me lembre, Débora...
— Das minhas previsões... para o signo de Aquário...

Para Climério, a simples caninha já servia para entrar em outro astral.
Do alto da laje, naquela residência modesta no Jardim...

Que nome eu dou para esse bairro de São Paulo?
— Está tudo lá, Voltaire... nas previsões.
Jardim Saturno? Muito improvável.

Do alto da laje, naquela residência modesta na Vila Saturnino, o céu poluído da cidade se abria para a esperança de umas poucas estrelas.

— Voltaire... você está conseguindo me ouvir?
Para dizer a verdade, a voz de Débora parecia o comunicado em código de algum ET perdido no universo.
— Vvoo..tair... ê á coinguin mioíh...?
— Claro, Débora. Perfeitamente.

Ruídos estranhos atravessavam a noite.
— Ki... éé... rrh... xtah ksiindo mwihr...
Talvez um rap *demente perdido na distância e na escuridão.*

Para Climério, era uma tentativa de contato.
— Mensagem do espaço... com certeza.

— Os horóscopos, Voltaire... eram mensagens em código...

Um clarão repentino tomou conta do céu.
— É um foguete. Um disco voador. O astronauta... o astronauta...
Sensações de urgência tomaram conta do cérebro alcoolizado de Climério.

— Fala logo, Débora. Explica de uma vez.
— Uns traficantes, Voltaire... eu fui usada... fui...

Novos estrondos. Novos clarões.
Para Climério, o céu estava inundado de foguetes e astronautas.
Ele ergueu a garrafa de caninha. Celebrando a entrada do Brasil no tempo das comunicações interespaciais.

— Como assim, Débora?
— Leia as previsões para o signo de Aquário... você vai... vai... entender...
A voz de Débora desaparecia no rumo de algum planeta distante.

Uma rajada de metralhadora partiu a garrafa ao meio.
Fazendo o mesmo com o pescoço de Climério.

Ouvi uma rajada de metralhadora do outro lado da linha. A ligação caiu. O telefone apitava em desespero nas mãos de uma astróloga provavelmente já sem vida.

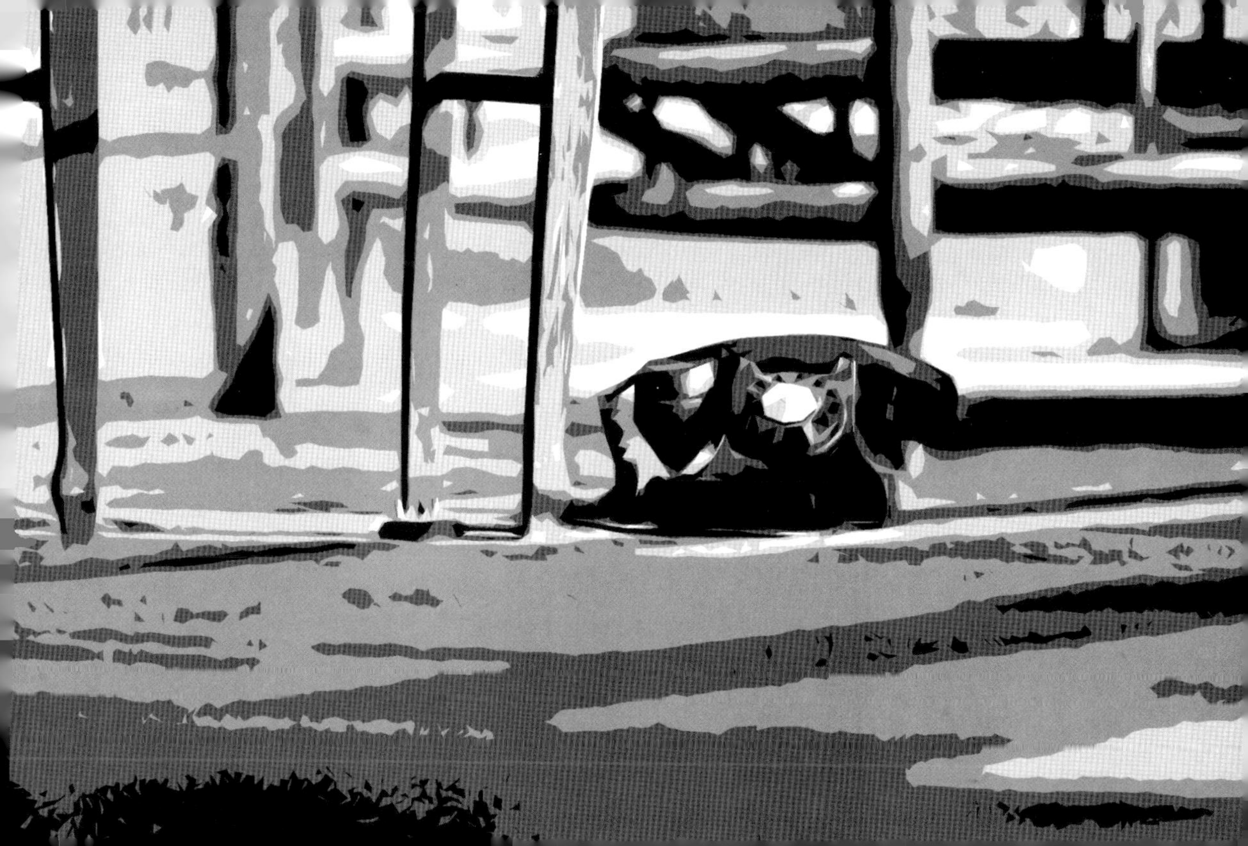

Os clarões no céu não eram foguetes.
Eram os fogos de artifício usados pela quadrilha do Reinaldo.
Conhecido megatraficante ativo na região Sul.

— Débora? Débora? Alô...
Uma voz masculina respondeu-me com rudeza.
— Tu vê se não te mete, ô cara. E esquece o que ouviu.

Os rojões avisavam a iminente chegada de uma blitz *policial.*
Climério não teve tempo de atinar com a verdade.
Seu corpo caiu da laje. No rumo do planeta Terra.

Desliguei o telefone. Tempo de acabar com a minha história.

Nos astros, procuramos ver a luz. Mas o que se encontra, muitas vezes, é apenas o caminho do Além.

Avisei a polícia. Avisei o Luiz Mário. Tentei avisar o Castrucci. Mas meu velho colega já não estava no auge da lucidez.

— Zéwora? Quem é a Zéworwa?
O bafo de cerveja se percebia até pelo fone do aparelho.
Luiz Mário franziu a testa.
— A polícia nunca vai descobrir nada. Tem peixe grande envolvido. Com certeza.

quarta-feira, 15 de fevereiro

A manchete do jornal foi histórica.

CÉLEBRE ASTRÓLOGA METRALHADA AO TELEFONE

Linha fina:

Não conseguiu prever a própria morte.

Discordei da formulação. Não havia prova de que Débora não tivesse previsto a própria morte.
— O que foi, Voltaire? Começou a acreditar em astrologia?
— Não é preciso ser astrólogo para saber quando um traficante está querendo dar cabo da gente.
Janaína apareceu com duas pequenas estrelas translúcidas no canto dos olhos verdes.
— Eu previ, sim, Voltaire. Previ a morte da Débora. Olha aqui o signo dela. O que eu escrevi ontem.
Mostrou o texto dirigido aos escorpianos.

O clima tenço na vida doméstica deixará você indiguinado. Procure dialogar mais no serviço. Uma situação adverssária com jeito pode favoresser a paz. Quem discute de mais, pode enrrouquecer. Compre pastilhas de garganta. Seu telefone pode ser cortado.

Observei que as pastilhas que deram para a pobre Débora eram de chumbo. Janaína já não prestava atenção. Caíra numa crise nervosa.

— Culpa minha. Culpa minha, Voltaire.

Abraçou-me com soluços convulsos.

O gosto de suas lágrimas era como mel sobre meus lábios secos.

— Eu queria tanto ficar no lugar dela, Voltaire...

Imagino que não agora.

Janaína encostou-se totalmente em mim. Remorso e sensualidade emanavam em ondas de seu corpo sensacional.

— Fiz até mandinga, Voltaire... para ela não voltar... nunca mais. Nunca mais.

Segurei seus pulsos com firmeza. E fui cruel com a alma crédula da estagiária.

— Macumbeira.

Num gesto de desespero, Janaína rasgou seu diminuto bustiê cor de caramelo e jogou-se ao chão.

— Me salva, Voltaire. Me salva.

A redação inteira, em semicírculo, aguardava minhas atitudes. Agachei-me lentamente. Um tapa, nessas ocasiões, pode ter efeito terapêutico. Medicinal. Dosei-o com frieza e sabedoria.

Um urro unânime transformou meus colegas de trabalho numa torcida futebolística selvagem. Ignara. Elementar.

— Aêê, Voltaaairee!! Dá nela!!

O atilado fotógrafo Hermano, sempre perto de qualquer tumulto coletivo, tirava vários flagrantes da situação. O alarido chamou a atenção de Luiz Mário. Que durante esse tempo todo estava em reunião com Kléberson.

— Que está acontecendo por aqui? Isso aqui virou cortiço?

Janaína se contorcia no chão como uma serpente expulsa do paraíso.

— Me bate mais, Voltaire.

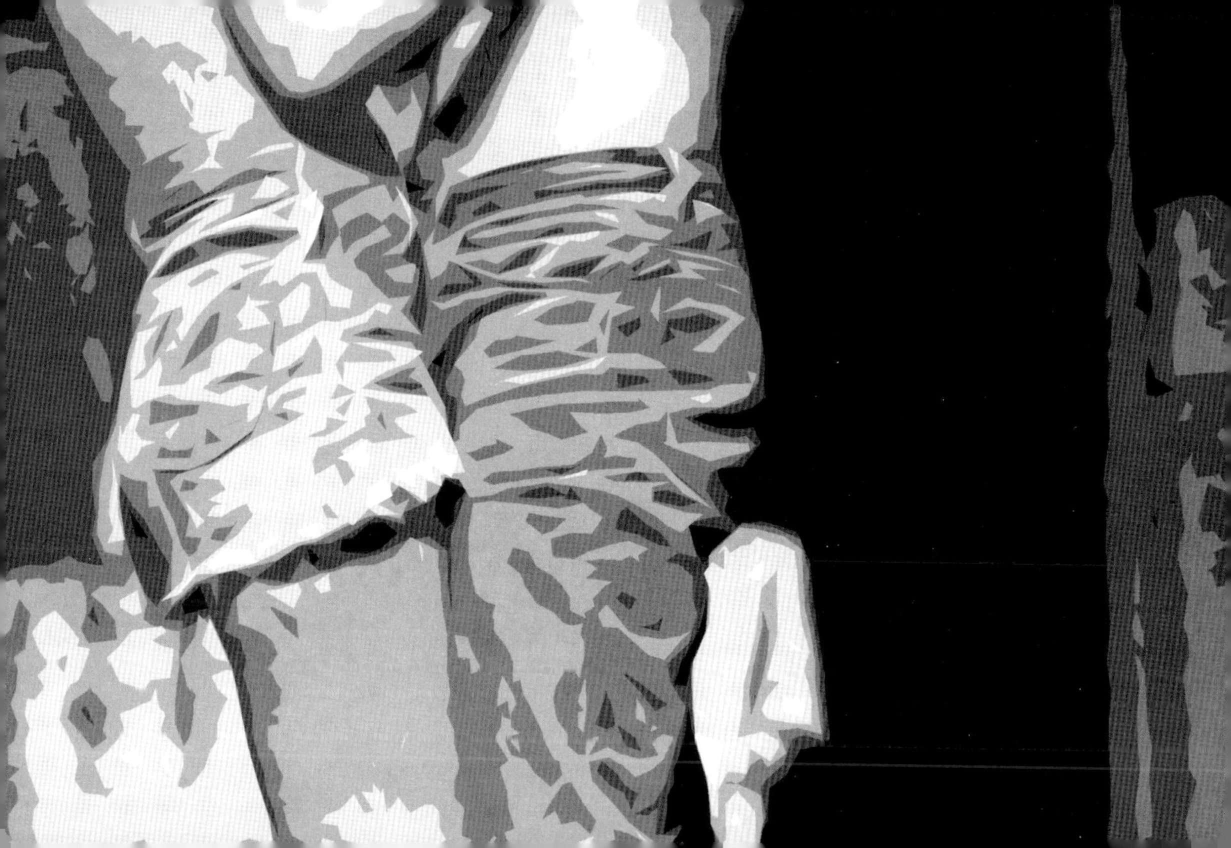

A irracionalidade humana será sempre um mistério para o próprio homem. Luiz Mário se descontrolava.

— Está todo mundo demitido. Isso aqui é um jornal de respeito. Bilhete azul. Bilhete azul para todos vocês. E quem fala é o secretário de redação.

Luiz Mário fez o seu gesto habitual nessas ocasiões. Tirar o crachá do bolso. Para provar documentalmente a sua superioridade hierárquica. Parecia um juiz de futebol mostrando o cartão vermelho. Mas o que saiu do seu bolso do paletó não era vermelho. Era um pequeno envelope. Ou melhor. Um blister de remédio. Quatro comprimidos azuis. Um suprimento de Viagra que eu tinha lhe dado na festa de fim de ano.

A vaia foi histórica. Pré-histórica. Era o urro de um gigantesco dinossauro coletivo. A gargalhada destruidora de King Kong sobrepujando os algozes que o metiam entre os grilhões de um *show* de variedades. O tsunami derrisório de um grupo de profissionais nem sempre capazes de entender as orientações da chefia. O berreiro da tribo canibal diante de um carregamento de carne fresca.

Tentei salvar discretamente a situação. Apontei para o envelope de Viagra.

— Ué, Luiz Mário... ainda não usou?

Novo terremoto de apupos e assobios tornou inaudível a resposta de Luiz Mário.

Ele se retirou para a sua sala envidraçada. De onde Kléberson desaparecera para talvez nunca mais voltar.

quinta-feira, 16 de fevereiro

De manhã, conversa com o meu velho amigo Torres, delegado do 44º Distrito. Narrei-lhe em termos sucintos a última conversa que tive com Débora. Ele me convidou a reconhecer o corpo da astróloga no IML. Não tinha família. O jornal, parece, vai arcar com as despesas do enterro. Dentro do gavetão, um cadáver como tantos outros. Debaixo da terra, ninguém observa estrela nenhuma.

— Que coisa, hein, Voltaire?
— É. Alguma pista?
— Não posso te dizer nada por enquanto.
— Peixe grande?
— Um aquário inteiro, Voltaire.

Fico em silêncio. Torres manifesta uma estranha curiosidade.

— De que signo você é?
— Por que quer saber?
— Costumava ler as previsões para o signo?
— Qual? O meu?
— O de Aquário, caramba. O de Aquário.

Pegou-me no braço.

— Você vai ter de me fazer um favor.
— Qual?
— Para você é mais fácil essa coisa de mexer no arquivo do jornal... acho que vai ser útil ler as previsões que ela andou escrevendo nos últimos meses. Para Aquário.

Respondi que tudo bem. Já estava bastante enfronhado com astrologia ultimamente.

Só fui ler o jornal depois do almoço.

Com tanta confusão, é difícil acreditar como deu para a edição sair direito ontem. Tudo teria sido impossível sem a participação da Maria Eliane. Nossa dedicada editora de Economia. Enquanto na redação transcorriam cenas de um grotesco inaudito, ela mantinha os olhos fixos no computador. E mesmo quando tudo pára num jornal, o mundo financeiro não cessa de dar notícias e manchetes. Saímos com o básico.

ATA DO COPOM APONTA ALTA DOS JUROS

Quando os juros não sobem, eles descem. Ou ficam parados. Sempre é notícia. E sempre os organismos do governo estão atentos para evitar coisas erradas. Ou produzi-las, tanto faz. Pensei nos acontecimentos de ontem. Na realidade econômica de hoje. E tratei de contribuir com meu pequeno tijolo na imensa pirâmide que é o jornal de cada dia.

Crise. Especulações. Incertezas.
Quais serão os rumos de nossa economia?
Demétrio era diretor de um importante banco de investimentos.
O Prospectum Participações Financeiras.
Os lucros caíam há mais de seis meses.
O talento de Demétrio parecia ter entrado em eclipse.
O chefe dele já tinha avisado.
— Ou a gente sai do vermelho ou para você é o bilhete azul.
No desespero, Demétrio largou a calculadora e o computador.
Foi em busca de ajuda espiritual. Os amigos se consultavam com o Pai Futaba.

Na falta de assunto, sempre reaparecem alguns personagens clássicos de minhas histórias. Há vários anos, Pai Futaba resolve os problemas de quem precisa. Principalmente os problemas de quem precisa escrever uma história todo santo dia.

Famoso pai de santo japonês.
— Deméturo. Purecisa sairo do purejuízo.
O rapaz assentia com a cabeça.
— Dou banho de éruva. E pruoburema fica uresoruvido.
Demétrio tirou a roupa. Ofereceu-se ao banho ritual.
A espetacular morena Gilvanka apareceu com uma tina de madeira.
O aroma de seus cabelos tipo samambaia misturou-se ao das plantas do culto sincrético de Pai Futaba.
Demétrio fechou os olhos.
Juros em alta. Inflação em baixa. Gráficos e cálculos vetoriais.
Tudo se misturou em sua mente estressada de executivo.
O corpo generoso de Gilvanka assumiu para Demétrio dimensões alegóricas.
— Investindo na Bolsa de Futuros. Elevação das commodities. *Subida da cotação. Acabou o desemprego na indústria de base.*
Agarrou a auxiliar de Futaba como se estivesse diante de uma imperdível oportunidade financeira.
Demétrio já foi demitido do Banco Prospectum.
E introduz-se com prazer nos meios misteriosos de nosso Brasil profundo.
Quando os lucros precisam de Viagra, é melhor cair nos abismos do amor.

Mais de trinta linhas. E o Luiz Mário querendo histórias menores ainda. Mas isso já não é mais problema.

A novidade por aqui é que Luiz Mário entregou ontem mesmo sua carta de demissão. Um secretário de redação é como um general ou um técnico de futebol. Quando perde o respeito da tropa, chegou a hora de pedir o boné.

sábado, 18 de fevereiro

Dia de descanso. Em casa, o clima não é dos melhores. Daiane não pára de fofocar com Solange. As duas combinaram de ir ao *shopping*. Da sacada do apartamento, vejo com certa melancolia a chuvinha que enlameia aos poucos o asfalto da Barra Funda. Alguém se aproxima do meu prédio. O cabelo escuro e bem cortado. Rareando um pouco no cocoruto. A camisa esporte de grife. Molhada pelos pingos da chuva. Toca o interfone. É Luiz Mário.

A barba por fazer. As olheiras de três dias atrás dos óculos de armação grossa.
— Oi, Voltaire.
— Oi, Luiz Mário.
— Estava passando aqui por perto e...
— Não precisa explicar. Quer um drinque?

O rapaz aceitou o uísque como se fosse uma criança lombriguenta recebendo sua primeira dose de Vermífugo Santa Ismênia.

Vagas lembranças dos remédios de minha infância me fazem esquecer do drama humano à minha frente.

— Você acabou com a minha vida, Voltaire.

A mente do rapaz estava sem dúvida em estado de extrema perturbação.

Um choro carregado de revolta e amor-próprio ferido misturou-se a um relato incoerente e apaixonado. Tento reproduzi-lo de forma coerente e objetiva.

Janaína, disse Luiz Mário, era o amor de sua vida. Pouco a pouco, entretanto, revelaram-se a perfídia e a ambição daquela mulher belíssima. Descontente com as modestas atribuições de estagiária — às quais, na verdade, seu escasso talento mal e mal tinha condições de atender a contento —, a serpente dos cabelos samambaia exigiu de Luiz Mário cargos cada vez mais relevantes dentro da estrutura funcional de nossa empresa. Jornalista responsável e lúcido, Luiz Mário tentava resistir às pressões daquela Dalila do solecismo e da incorreção ortográfica. A eloqüência insofismável de Luiz Mário atingia meus ouvidos com respingos de gelo diluído e bebida destilada.

— Cleópatra do pleonasmo. Mata Hari do tatibitate. Salomé do insulto ao idioma. Capitu da cretinice diplomada. Astartéia do disparate astrológico.

— Calma, Luiz Mário. Mais um uisquinho?

A catilinária prosseguiu num ritmo entrecortado. Referências cada vez mais obscuras se alternavam com um chorrilho de termos recolhidos da sarjeta.

— Sarjeta de onde ela veio, Voltaire. Aquela... aquela Messalina do absurdo impresso.

Musa do jornalismo moreno.

— Sofonisbe da baboseira desbobinada.

Deusa dos cabelos samambaia.

— Xantipa-Afrodite da xaropada botocuda.

Sereia dos olhos verdes.

Mas é necessário retomar o fio da história.

Foram tantas as exigências, as cenas, as ameaças, que nosso secretário de redação terminou cedendo. Confiou-lhe o posto de astróloga substituta. Não sem antes assegurar-se de que os textos de sua lavra passariam pelo crivo do mais confiável e experiente profissional da redação.

— Você, Voltaire.

Pouco a pouco, à medida que galgava postos relevantes em nossa linha de produção editorial, Janaína começou a dar mostras de desinteresse pelo charme inegável de seu — de nosso — superior hierárquico. Considerava-o emocionalmente imaturo, sexualmente pouco menos do que passável, e sobretudo incapaz, com toda a certeza, de representar para ela a figura de um pai — firme, austero, correto, disciplinador, avesso a mimos e concessões —; pai que, diga-se de passagem, Janaína nunca chegara a conhecer.

— Foi aí que você entrou, Voltaire.

Os cabelos brancos e a serenidade profissional daquele a quem, modéstia à parte, coubera fazer a revisão de seus absurdos prognósticos astrológicos tiveram sobre Janaína um impacto contundente. Incomparável. Devastador. Como se a encantadora jovem tivesse pela vez primeira ingerido uma dose reforçada do Vermífugo Santa Ismênia. De sua mente romântica foram expelidos todos os pensamentos carinhosos que Luiz Mário — a quem, na intimidade, chamava de "meu lombriguinho"— poderia ter-lhe inspirado um dia. Com o passar dos dias, apenas um ser do sexo masculino monopolizava sua atenção.

— Voltaire. Voltaire. Voltaire de Souza.

Janaína confidenciava seus descontentamentos, insatisfações e fantasias a uma excelente amiga dos tempos do colegial.

— Daiane. Daiane Camargo.

Luiz Mário inspirou profundamente os vapores emanados do copo de uísque que eu havia acabado de reabastecer.

— Ela chegou a expressar dúvidas sobre a minha masculinidade, Voltaire.

— Não tenho dúvida, Luiz Mário.

Uma pergunta, entretanto, ainda bailava no ar.

— E o Kléberson, Luiz Mário?

— O que é que tem o Kléberson?

— Você e ele... nunca...

Luiz Mário deu uma risada amarga.

— Só me faltava você acreditar nisso.

O brilho do rancor voltou a seus olhos míopes.

— Foi ela que espalhou esse boato?

Na verdade, eu não lembrava mais. Daiane tinha feito algumas insinuações, mas, enfim, isso não tinha importância.

— Eu apenas comprava cocaína do Kléberson. Daí nosso constante clima de segredo.

Ah, apenas isso. Pouco importa. O fato é que a obsessão de Janaína se intensificava diariamente. E encontrava, nas atitudes do cronista diário do jornal, um monumento granítico de resistência. De correção. De compostura. A ida à *Fashion Week*, onde Voltaire, o objeto de seus desejos obsessivos, estava acompanhado de uma senhora...

— Solange de Souza.

... cujo *status* conjugal e familiar com o personagem em questão — a saber, eu — era facilmente detectável, mesmo pelo intelecto diminuto de Janaína, a ida ao *Fashion Week*, prosseguindo, arrojou a jovem nos abismos do desespero. Sim, seu mestre, seu mentor, era casado. Sim, levara sua esposa ao *Fashion Week*. Não, não haveria chances para Janaína dar, naquele momento, sua decisiva cartada sentimental. No intuito de impressionar o exigente leitor de sua derrisória produção jornalística, Janaína impusera a Luiz Mário uma nova e humilhante tarefa. Encarregara-o de escrever, como se fosse da lavra dela, Janaína, uma crítica circunstanciada do desfile de Kuko Jimenez. Como um obediente escravo do sexo, Luiz Mário caprichou como pôde no texto; sua desinformação sobre o assunto, entretanto, era total. Teve então de pedir auxílio ao fotógrafo Hermano, personagem especialmente sensível às precisas e arbitrárias microvariações de tendência vigentes no mundo do corte e da costura. O resultado foi um texto que poderia ser classificado como uma pequena obra-prima. Janaína submeteu-a, falsamente orgulhosa, à férula de seu desconfiado e impassível magistrado estilístico. A aguda sensibilidade do velho lobo das redações paulistanas em poucos minutos desfez a mal-ajambrada impostura.

— Foi então que ela ficou louca, Voltaire. O ataque de nervos aconteceria cedo ou tarde.

As lágrimas de Luiz Mário caíam sobre nova dose da aguardente escocesa.

— E os boatos, Voltaire. Os boatos. Diziam que eu era *gay*. Que minha tara era ver você e Janaína num motel.

Alguns motéis dispõem de visores e câmeras especiais para esse tipo de atividade. Pode ser citado, nesse quesito, o Motel Periscópio, na Marginal do Pinheiros.

— Diziam que eu tinha mandado matar a Débora. Que a Janaína ia me substituir como secretária de redação. Que ela mandava em todos nós...

— De modo que quando eu dei um tapa nela...

— Todo mundo adorou, claro. Menos eu.

— É claro.

— Vocês deveriam ser todos demitidos.

Não respondi "é claro."

— Quem perdeu o emprego foi você, Luiz Mário.

Luiz Mário berrava.

— Perdi a Janaína, Voltaire. Perdi a Janaína para você.

Nesse momento, ouvi o barulho de uma chave entrando na fechadura. Era Solange que voltava do *shopping* com Daiane. Luiz Mário continuava a berrar.

— Me devolve a Janaína.

Daiane só cutucou de leve o flanco direito da tia.

— Não disse, tia Solange?

Solange primeiro ficou pálida. Depois, pulou em cima de mim com a fúria de uma águia atacando um cordeiro perdido do rebanho.

— Cafajeste. Você é um cafajeste, Voltaire.

Os dedos recurvos de Solange pressionavam minha carótida. Minha respiração, fragilizada pelos muitos anos de tabagismo, tentava a custo manter um mínimo de ritmo vital. Luiz Mário intercedeu nobremente em meu favor.

— Assim a senhora mata ele, dona Solange.

Minha esposa arremeteu-se contra Luiz Mário com a força de um rinoceronte traído.

— Fora daqui. Fora da minha casa. Pederasta.

Aproveitei a deixa para levar Luiz Mário ao *hall* do elevador social. Daí achei melhor acompanhá-lo em direção ao estacionamento. Quem sabe na volta os ânimos de Solange serenassem.

A chuva tinha parado de castigar a capital paulista. Nas imediações do Minhocão, mendigos catavam as latinhas trazidas pela enxurrada. Também o casamento tem suas tempestades e enxurradas de rancor. Que, em vez de latas de alumínio, arrastam consigo anéis de noivado e alianças de ouro 18 quilates compradas em prestações a perder de vista. Luiz Mário cambaleava de olhos baixos.

— Me ajude, Voltaire.

Fiquei na dúvida. Do que ele mais precisava? De Janaína ou do emprego de volta?

— Desemprego não é brincadeira, Voltaire.

— Coragem, Luiz Mário.

Um franco e demorado aperto de mãos sempre encerra com classe o encontro entre dois rivais no amor de uma mulher.

Quando voltei para casa, os ânimos não tinham serenado nem um pouco.

Solange tinha em mãos um envelope grande, daqueles protegidos com plástico bolha. Parte do conteúdo estava esfacelado pelo chão. As bolhas do plástico tinham sido pisoteadas com fúria. Dos olhos de minha velha companheira, bolhas de lágrimas jorravam em meio a excessos impublicáveis de terminologia.

Agachei-me para examinar o sobrescrito do envelope.

"De Hermano. Para Voltaire".

Era uma espetacular seqüência de fotos. Janaína me abraçando. Sorrisos cativantes. Um bustiê cor de caramelo rasgado. Janaína jogada a meus pés. Sensualidade e desejo emanavam daquelas imagens. Tentei explicar para Solange que aquela massa de informações e carne feminina estava, como se diz no jargão jornalístico, descontextualizada. Fora de contexto. Ela estava tomando gato por lebre. E gato não é tamborim.

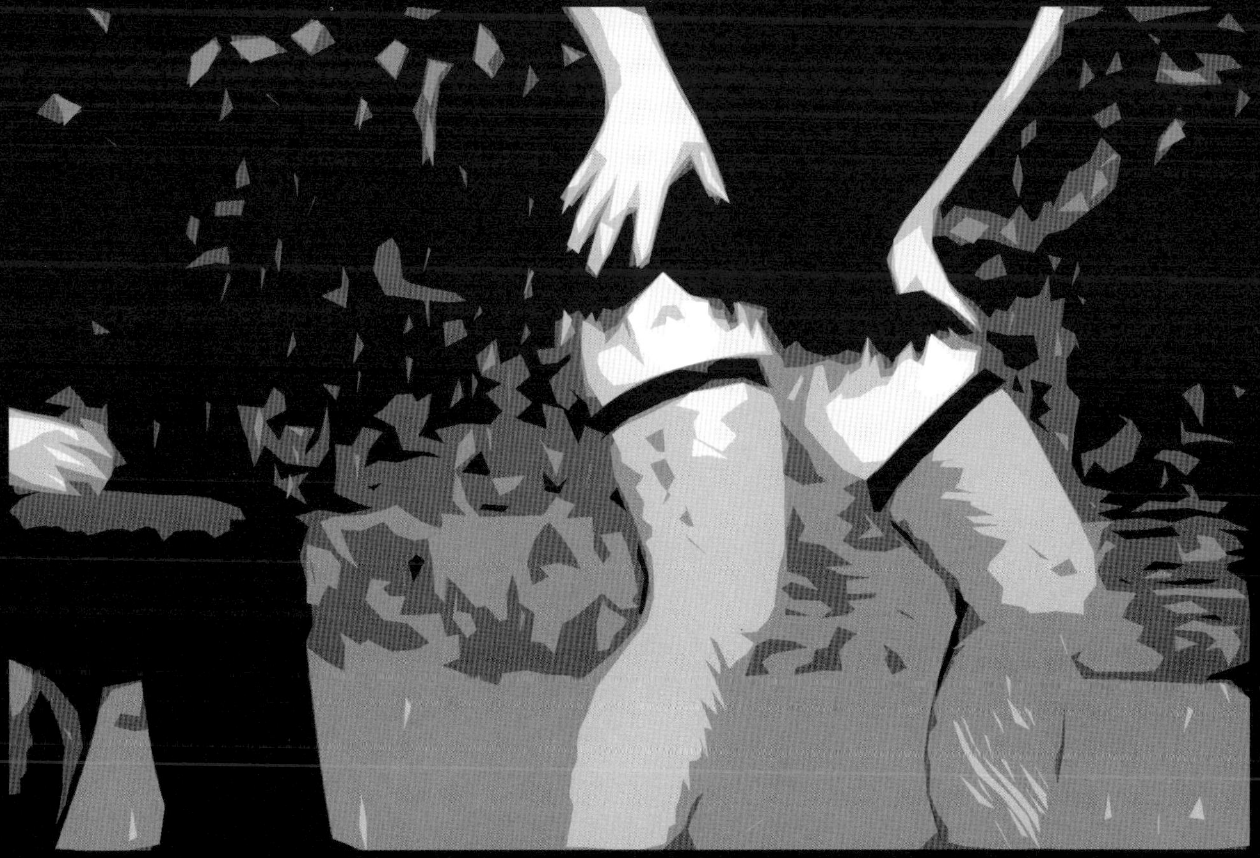

— Fora de contexto é você quem vai ficar.

Tentou transformar meu rosto em tamborim. Segurei-a pelo pulso de modo calmo e decidido. Ela gritou.

— Está me destroncando.

Nunca, em nosso longo casamento, chegáramos ao ponto da agressão física.

Daiane já tinha agarrado o telefone. Pelo menos, não ligou para a polícia. Narrava para Camargo a sua versão dos acontecimentos, com a velocidade e a imprecisão de um locutor de futebol nada imparcial.

— Ele está matando a tia Solange, papai.

Tive de retirar-me do local.

Na vida de Solange, eu já era um capítulo virado para sempre.

segunda-feira, 20 de fevereiro

Estabelecido no Apart-Hotel Nirvana, rememoro a seqüência de eventos desagradáveis de que fui o involuntário pivô. Algumas histórias nascem de minha mente bastante combalida pelas tempestades da véspera. Quem sabe deixo algumas crônicas já preparadas, antes de solicitar à minha nova chefe uma licença para cuidar de assuntos pessoais. Ligo para Maria Eliane. Nossa ex-editora de Economia. Que, pela frieza e competência demonstrada nos momentos de crise, assume agora o posto de secretária de redação do jornal.

— Oi, Maria Eliane. Parabéns pela promoção.

A voz dela é seca e objetiva.

— Não é promoção.

Ela respirou fundo.

— Estou aqui, Voltaire, substituindo o Luiz Mário por uns dias. Só isso.

— Ele vai voltar?

— Ã-hã.

Não saberia dizer se era uma boa notícia para o Luiz Mário ou uma má notícia para Maria Eliane. Mas quem receberia outras notícias era eu.

— De qualquer modo, eu gostaria de ter uma conversa com você aqui na redação, pode ser?

— Claro.

— O mais cedo possível.

Ela me recebeu na sala de reuniões envidraçada. Os olhares de muitos repórteres e redatores me seguiram até que eu entrasse no local. O ar era pesado e estranho. Em algumas mesas, profissionais de longa data arrumavam suas coisas. Do banheiro feminino, ouviam-se sons de choro. Do banheiro masculino, também.

Maria Eliane não demorou muito para informar-me da situação.

— Resolvemos aproveitar os... os...

Ela procurava a palavra.

— os *incidentes* da semana passada para fazer uma reforma no nosso quadro funcional...

Fiquei ouvindo.

— ...algo que já estava planejado há muito tempo...

— Sim.

— ...com vistas à modernização de nossa linguagem e do aperfeiçoamento do nosso produto...

O texto era obviamente decorado.

— De modo que uma série de funcionários não será mais aproveitada nessa reformulação.

Traduzindo: demissão em massa. Na gíria jornalística, o chamado passaralho.

A lista era extensa. João Alfredo Castrucci. Hermano Shigawa. Kléberson Vandick dos Santos. Janaína da Silva Deodato. E, por último, Voltaire de Souza.

O nome de Luiz Mário Versiani não constava da lista. Maria Eliane explicou.

— O Luiz Mário me encarregou de executar essa operação, enquanto ele fica de folga por uns dias.

De modo que ele continuava secretário de redação. Com nova equipe. E a assessoria de Maria Eliane para assuntos administrativos, funcionais e financeiros. Era hora de pegar o chapéu. Mas eu não tinha chapéu. Eu não tinha mais nada.

terça-feira, 21 de fevereiro

Acordo em minha pequena suíte no Apart-Hotel Nirvana. As lembranças da noite anterior não são das mais claras para mim. Como se alguns fatos e pensamentos tivessem sido impregnados, durante a noite, de uma espessa tinta de impressão. Sei que alguém me deixou na porta do hotel. Olho para o relógio: onze da manhã. Tempo de levantar.

No andar térreo funciona um estabelecimento *self-service* especializado em comida árabe. O El Mukif. Já passou a hora do café da manhã. E não cheguei ainda à fase de ingerir um kibe como se fosse pãozinho com manteiga. A nova vida exige adaptações graduais. Paulatinas.

Vou até a banca e compro o jornal. A manchete continua investindo no noticiário econômico.

DIEESE SINALIZA ALTA DO DESEMPREGO EM SP

No balcão da Padaria Boa Média, diante de um chá preto com torradas, folheio distraidamente aquele fino feixe de papel pintado. Onde por tantos anos projetei meus pensamentos. Minha experiência. Minha vida.

Hoje, excepcionalmente, não será publicada a crônica de Voltaire de Souza.

Uma pequena notícia nas páginas policiais me chama a atenção.

ASSASSINO DA ASTRÓLOGA É PRESO EM PERUS

Depois de longa operação investigativa conduzida pelo 44º Distrito Policial, o assassino da astróloga Débora Viviane Celestino foi capturado nesta madrugada num bar em Perus. Servílio Carlos Romeu, conhecido como Gancho, confessou o crime às autoridades. Teria agido a mando do Marlim, chefe do tráfico na região de Ilha Bela, com quem a astróloga supostamente havia mantido, há dois anos, um relacionamento amoroso. Segundo Romeu, Débora e Marlim se desentenderam devido às freqüentes infidelidades do traficante. Sendo "muito ciumenta", Débora teria então passado a fornecer informações à polícia sobre as atividades de Marlim. Fontes confiáveis na hierarquia policial asseguraram à reportagem que, de fato, foi graças às informações de Débora que Marlim pôde ser preso, numa operação realizada em dezembro do ano passado. A astróloga já tinha sido vítima, nessa época, de uma advertência cruel. Por ordem do traficante, teve a garganta dilacerada a golpes de um instrumento perfurante, do tipo dos ganchos que se usam em fábricas de gelo, no que teria sido uma tentativa de danificar-lhe definitivamente as cordas vocais. Entretanto, os cuidados médicos do especialista em otorrinolaringologia do Hospital Santa Ismênia, dr. Amadeu Futaba, foram capazes de parcialmente assegurar à astróloga a recuperação de sua capacidade vocal. Sem saber que seu telefone era monitorado pelo tráfico, Débora tentava desesperadamente entrar em contato com nossa reportagem quando foi surpreendida pela ação de Servílio.

Procurado pela reportagem, o dr. Futaba recusou-se a prestar declarações.

Como costumam dizer, o peixe morre pela boca. A não ser que ele prefira ser o dono do anzol.

Em outra página do jornal, um anúncio de bom tamanho.

NOVO FORMATO — NOVO ENFOQUE — NOVOS ARTICULISTAS

O SEU JORNAL DE TODOS OS DIAS, CADA VEZ MELHOR

AGUARDE

A PARTIR DA PRÓXIMA SEMANA, MUITAS NOVIDADES

[E as notícias de sempre]

NAS PÁGINAS DO ÓRGÃO MAIS DINÂMICO DA IMPRENSA BRASILEIRA

O órgão mais dinâmico da imprensa brasileira, o do Luiz Mário? Eu me considerava no direito de duvidar. Deixei o jornal amassado em cima do balcão, ao lado da torrada parcialmente mordida. Reflexões incertas passavam pela minha alma, já mais amassada do que um jornal velho. A verdade é uma espécie de torrada. Sempre tem dois lados. Mas depois que a gente come, não tem mais lado nenhum.

Alguns recados me esperavam na secretária eletrônica do quarto de hotel.

— Canalha. Canalha.

Era a voz de Solange.

Depois, Daiane assumia o controle da ligação, enquanto o choro de Solange ainda repercutia no fundo do ambiente.

— Viu o que você fez? Viu o que você fez?

Eu tinha feito muita coisa naqueles dias. Mas o recado não entrava em detalhes.

— Assassino. Assassino.

Apertei a tecla do aparelho. Outro recado. Era uma voz masculina.

— Hãã. Olha, aqui é o Jacques. Hãã. O namorado da Daiane. Hã. Ela me pediu para avisar que o enterro do seu Camargo foi ontem mesmo. Era só para avisar, tá ligado?

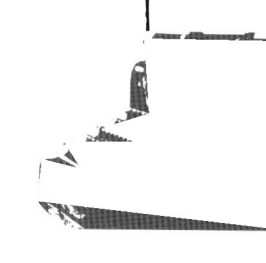

Meus neurônios desgastados fizeram as sinapses indispensáveis. Morte súbita de Camargo. Causada por forte impacto emocional. Foi quando Daiane ligara para o pai. Narrando, em tempo real, minha crise com Solange. As palavras levianas da venenosa adolescente reproduziram-se com nitidez em minha memória.

"Ele está matando a tia Solange, papai."

Imagino o obeso Camargo tomado de injustificada indignação. Ele tenta se levantar da poltrona para intervir naquela emergência conjugal. Uma dor no peito. Tomba em cima do pacote de salgadinhos. O poder maléfico da gordura saturada. O poder destrutivo de um casamento saturado.

Os dias de uma vida humana são como salgadinhos num pacote. Você sempre quer mais um. Mas chega uma hora em que o pacote está vazio.

Vou até o banheiro da suíte. Na água do vaso sanitário, bóia um longo fio de cabelo retorcido. Resolvo reclamar com a gerência das más condições de higienização do estabelecimento. Depois, mudo de idéia.

O telefone toca. Recosto-me, para atender, no confortável travesseiro duplo de espuma de borracha onde estão bordadas as letras A-H N. Apart-Hotel Nirvana. Ao ouvir a voz de Janaína, imagino sentir um perfume envolvente de jasmim e patchuli.

— Oi, vô.

— Não sou seu avô.

O riso de Janaína tinha sonoridades de cristal. Absolutamente inadequadas para aquele momento depressivo.

— É só um jeito de te chamar, Voltaire.

— Hã.

— Quero te mostrar uma coisa.

— O quê?

— Ah, vai. Surpresa... Te encontro aí no hotel?

Combinamos de almoçar no El-Mukif.

Janaína apareceu com um vestido amarelo e leve. Uma respeitável pilha de cópias xerox desfrutava do privilégio de aninhar-se em seus braços esguios.

— Andei pesquisando, Voltaire.

— O quê?

— Os horóscopos da Débora.

— Achou alguma coisa? Viu o signo de Aquário?

— Está tudo lá, Voltaire.

— As mensagens cifradas para o tráfico? Essa história é totalmente absurda.

Janaína já não prestava atenção.

— Olha aqui, Voltaire. Leia isso.

Aquário. Tudo já está decidido. É só questão de um ou dois dias no máximo. Uma nova carreira se abrirá para você. O navio chegará ao porto esperado. Os timoneiros mais velhos são os mais lentos, mas também os mais confiáveis. Cor da sorte: branco. Número da sorte: 65.

Estranhos prognósticos, com efeito. Um carregamento de cocaína por via marítima? No cais 65? O contato seria um tripulante da terceira idade? Janaína pegou outra cópia.

Aquário. Não se iluda com promessas superficiais. Você tem uma tendência para esperar demais de seus superiores e das autoridades em geral. Sua reputação e simpatia farão de você um tesouro disputado por onde passar. Mas você já pensou que quem não lhe dá a menor atenção pode ser seu mais fiel companheiro? Cor da sorte: branco. Número da sorte: zero.

Aquilo estava ficando insuportável. Pedi mais uma esfiha para o garçom. Antes da esfiha, mais uma patacoada.

Aquário. Entregue-se. Suas declarações poderão ser mal-entendidas, é verdade. Mas quem abre seus segredos nada tem a temer. Seus mais duros juízes são, sem que você saiba, escravos do seu coração. Nada perde quem é dono dos sentimentos de quem ama. Cor da sorte: branco. Número da sorte: 65.

Janaína jogou os cabelos para trás num arroubo sedutor.
— Entendeu, né, Voltaire?
— Estou boiando completamente.
— Boiando nesse aquário... hihi.
Devo confessar que a moça tinha alguma presença de espírito de vez em quando. Seus olhos verdes se fixaram em mim com intensidade inaudita.
— Esses horóscopos são dos dias em que eu estava começando no jornal.
— Garçom. Um chope, por favor.
— E Aquário é o meu signo, Voltaire.
— E a conta também.
Tudo, na mente singela da deusa à minha frente, ganhava explicações irrefutáveis.
— Era para eu não confiar nas autoridades. O Luiz Mário. E me entregar ao timoneiro mais experiente. Você, Voltaire.
A mão de Janaína interrompeu meu gesto em direção à tulipa de chope.
— Branco, a cor da sorte. A cor do seu cabelo, Voltaire. O juiz mais severo: você. Escravo do meu coração: você.
Os lábios de Janaína se entreabriram. E não era uma esfiha de ricota o objeto de seu desejo.
— Você está completamente louca, Janaína.
— Estou, Voltaire. Estou.
A voz da razão tem poderes reduzidos em ocasiões como essa. Uma tulipa de

chope e dois kibes intocados rolaram pelo chão ladrilhado da lanchonete. A conta do almoço ficou pendurada no estabelecimento até segunda ordem.

Na pequena varanda da suíte, Janaína e eu vimos as primeiras estrelas vencendo a custo o céu poluído da cidade. Ficamos conversando sobre o futuro, o destino, a vida.

— A vida é tão cheia de voltas, né, Voltaire? Parece os contos que você escreve.
— Mas tem uma diferença, Janaína.
— Qual?
— A vida não tem moral da história.
Janaína ficou quieta. Não sei se me entendeu.

FIM

Posfácio

A filosofia do riso

Heloisa Prieto

Rir enobrece ou empobrece o espírito?

Esta questão, hoje em dia pouco lembrada, gerou incontáveis discussões filosóficas. Hipócrates defendia o riso atribuindo-lhe qualidades terapêuticas, capazes de afastar tanto os terrores inúteis quanto as esperanças infundadas. Segundo Aristóteles, a criança só começa a rir no quadragésimo dia depois do nascimento, quando, pela primeira vez, se torna realmente humana. No período da Idade Média, o riso era uma "verdade que se diz sobre o mundo que se estende a todas as coisas e à qual nada escapa", (1) uma espécie de segunda revelação mística por meio do jogo e da alegria. Durante o Renascimento, o riso traduzia um profundo valor de concepção do mundo, uma forma de expressão da verdade universal. Já no século XVIII, a seriedade passa a ser mais valorizada, enquanto o cômico passa a ser visto como referência a fenômenos parciais e negativos da vida.

A crua ironia foi o principal instrumento criativo do filósofo Voltaire, autor do conto filosófico "Cândido" cujo enredo se passa numa Europa fictícia, imaginada em meados do século XVIII. Neste tempo, um jovem chamado Cândido vivia feliz e despreocupado num castelo, discípulo promissor de Pangloss, grande mestre defensor do otimismo como cura e prevenção de todos os males possíveis. Apaixonado pela bela Cunegondes, filha do barão, proprietário do castelo, Cândido é inesperadamente expulso desse pequeno paraíso quando o pai da donzela se opõe ao casamento de ambos. A partir desse momento, a vida de Cândido se transforma numa louca seqüência de desgraças, das mais simples às mais extraordinárias: doenças, massacres e perseguições alternam-se sem dar descanso ao jovem herói. Mesmo assim, Pangloss prossegue inabalável em seu otimismo cego evidente em suas insanas explicações dos fatos da vida. Ao término de múltiplas peripécias todas elas fadadas ao pior dos infortúnios, Cândido encontra um velho sábio turco que lhe diz simplesmente: "o trabalho afasta de nós os três grandes males: o tédio, o vício e a necessidade". Convencido de que não há sentido em tentar compreender ou prever o inesperado, sequer tentar encontrar uma lógica racional para os fatos da vida, Cândido casa-se com Cunegonde, agora velha e cansada, decidido a levar uma vida simples, dedicando-se a cultivar um jardim. (2)

Como no caso de seu mais famoso personagem, a vida do parisiense François-Marie Arouet, (1694-1778), filho de um tabelião, que escrevia utilizando o pseudônimo de Voltaire, o autor passou por toda espécie de reviravoltas até que falecesse, tendo deixado uma obra espetacular, alternando-se entre textos de filosofia e história, poemas, contos e peças de teatro. Não importa o gênero escolhido, sempre encontraremos a lucidez assombrosa, a defesa da tolerância, paz, liberdade e justiça. Capaz de enaltecer tanto a necessidade de humildade, quanto de prazeres estéticos, Voltaire, nos faz rir de nossa vã arrogância, situando-nos num espaço de insignificância saudável e democrática. Afinal, nada mais contemporâneo do que uma fábula alucinada narrada em ritmo acelerado cuja moral é o cultivo da natureza. (3)

Foi talvez por também acreditar que rir humaniza, compartilhar do mesmo gosto pela ironia, que Marcelo Coelho, ensaísta, crítico e colaborador do jornal *Folha de S.Paulo*, adotou o pseudônimo Voltaire de Souza para quando publica histórias curtas de ficção para o jornal *Agora*, também de São Paulo. Segundo consta em seu blog, (4) "a idéia de publicar historietas bizarras, em linguagem ultra-realista e telegráfica, nasceu por volta de 1990, quando um quotidiano já extinto, *Notícias Populares*, passou por uma reformulação editorial. O "NP", como era conhecido por seus admiradores, havia surgido na década de 60 como um típico jornal sensacionalista. (..) Com o tempo, *Notícias Populares* passou a adotar uma linguagem irônica e debochada, que lhe valeu a aura de "cult" no público jovem. O pseudônimo, ou "heterônimo", se quisermos, surgiu como um sensato, experiente e desencantado senhor de idade, a registrar acontecimentos absurdos como se fossem normais, e tirando deles ensinamentos — a famosa "moral da história" com que fecha cada uma de suas peças ficcionais — mais absurdos ainda. (..) Como bom paulistano, está sempre de mau humor, não perde ocasião de entrar numa fila e reclama do governo, do qual entretanto nada espera. Pode bem ser que, para ajudar no orçamento da casa, dirija o táxi que o sobrinho lhe empresta de vez em quando. Como seu predecessor ilustre, luta contra os preconccitos, detesta a guerra e o fanatismo, e espera que a educação e o saber venham, um dia, a iluminar toda a humanidade".

Ritmo, ação e crua ironia entre notícias de crime e críticas ao cotidiano infame. Bruto, decadente, sempre irritado, Voltaire de Souza nos faz rir quando reclama dos natais e seus perus e *shopping centers*; desperta ainda mais nossa empatia quando finge gostar de astrologia só para impressionar uma jovem, linda e inculta aspirante a jornalista; leva-nos às gargalhadas quando mergulha no mundo da moda. "O supérfluo, essa coisa tão necessária", (5) diria Voltaire, o francês, se lesse o texto de seu xará paulistano que vai cobrir um evento de moda para seu jornal trajando roupas retrô, na verdade, trajes empoeirados arrancados do velho armário, e acaba fazendo sucesso, apesar dele mesmo. Assim, a cada capítulo, é como se Voltaire de Souza fosse ocupando dentro do leitor aquele lugar tão inusitado que é reservado apenas aos nossos estranhos "ódios de estimação".

A vida tem uma moral?

Segundo Voltaire de Souza, "de jeito nenhum".

"Não diria que Voltaire de Souza é grande advogado da tolerância, como foi o caso de seu antecessor ilustre", afirma Marcelo Coelho, "...de minha parte, imagino-o como exemplo da impossibilidade que temos, hoje em dia, de confiar na universalidade da sabedoria, que era a fé do século 18. Suas morais da história e comentários ponderados são absurdos, para revelar o descompasso entre a tentativa de dar forma racional aos fatos e a brutalidade dos próprios. Claro que, pessoalmente, acredito nos ideais do século 18, mas o Voltaire de Souza é, nesse caso, exemplo de idéias fora de lugar..." (6)

Digamos que Voltaire de Souza, século XXI, mistura características de Cândido, alguém à mercê das intempéries do destino, a um raciocínio de Pangloss, o primeiro filósofo da auto-ajuda, construindo um discurso impiedoso e, ao mesmo tempo, impagável. O resultado da composição de tal personagem é que, ao concluirmos a leitura do último capítulo, após essa prática intensiva da saudável filosofia do riso, impossível não defender o humor como melhor antídoto contra o dogmatismo, o fanatismo e a rigidez, imbatível no combate aos três grandes males: "o tédio, o vício e a necessidade".

Notas:
1. BAKHTIN, Mikhail. *A cultura popular na idade média e renascimento*. Brasília: Hucitec, 1999.
2. VOLTAIRE. *Candide*. Nouveaux Classiques Larousse. Paris: 1970.
3. POMEAU, René. *Voltaire*. Écrivains de Toujours. Seuil. Paris: 1955.
4. marcelocoelho.folha.blog@uol.com.br
5. *Lagarde&Michard – XVIII siècle* – Bordas, Paris: 1970.
6. Depoimento de Marcelo Coelho para a atual edição. São Paulo: 2007.